판사 · 검사 · 변호사가 말하는
법조인

지은이들 박원경 공익법무관 | 김경호 '김앤장' 변호사(전 서울중앙지방법원 민사부 판사) | 김동현 대전지방법원 수석부 판사(전 형사합의부 판사) | 이기리 서울중앙지방법원 민사합의부 판사 | 임수빈 대검찰청 공안2과 과장(전 부산지방검찰청 형사4부 부장검사) | 구태언 '김앤장' 변호사(전 서울중앙지검 첨단범죄수사부 검사) | 한문철 '스스로닷컴' 대표 변호사 | 김선욱 대외법률사무소 대표 변호사 | 최승재 삼성SDI(주) 변호사 | 이경우 법무법인 '한울' 대표 변호사 | 표종록 법무법인 '신우' 구성원 변호사 | 김진 법률사무소 '이안' 변호사 | 권순기 한화그룹 법무실 변호사 | 조선영 교육인적자원부 법무규제개혁팀 변호사 | 김형진 법무법인 '정세' 미국 변호사 | 김백기 「법률신문」 법원 출입 기자

판사·검사·변호사가 말하는 법조인

2006년 4월 25일 초판 1쇄 발행
2021년 7월 5일 초판 13쇄 발행

지은이 임수빈 외 15인 | 펴낸곳 부키(주) | 펴낸이 박윤우
등록일 2012년 9월 27일 | 등록번호 제312-2012-000045호
주소 03785 서울 서대문구 신촌로3길 15 산성빌딩 6층
전화 02) 325-0846 | 팩스 02) 3141-4066
홈페이지 www.bookie.co.kr | 이메일 webmaster@bookie.co.kr
제작대행 올인피앤비 bobys1@nate.com
ISBN 978-89-85989-96-1 14300
ISBN 978-89-85989-61-9(세트)

책값은 뒤표지에 있습니다.
잘못된 책은 구입하신 서점에서 바꿔 드립니다.

부키 전문직 리포트 **8**

판사 · 검사 · 변호사가 말하는

법조인

15명의 판사 · 검사 · 변호사들이
솔직하게 털어놓은
법조인의 세계

부·키

차례

1장 새내기 법조인의 좌충우돌 일기

01 사법연수생 사법시험보다 더 힘들었던 연수생 2년 | 박원경 09

02 예비 판사 마라톤을 준비하는 마음으로 | 김경호 23

2장 다양한 판사의 세계

01 형사합의부 '법복'이 주는 소명과 사명을 느끼며 | 김동현 35

02 민사합의부 돈 받을 게 있다고요? | 이기리 47

3장 다양한 검사의 세계

01 형사부 '명예'를 먹고 사는 고독한 존재 | 임수빈 61

02 첨단범죄수사부 사이버 세상의 수호자, 사이버 검사 | 구태언 73

4장 다양한 변호사의 세계

01 교통사고 전문 항상 최악의 상황에 대비하라 | 한문철 85

02 의료사고 전문 메디컬 드라마의 연출자처럼 | 김선욱 95

03 특허 전문 산업 현장의 야전 사령관이 되어 | 최승재 107

04 노동 문제 전문 약자를 위해, 노동자를 위해 | 이경우 121

05 엔터테인먼트 전문 문화 산업의 언저리에서 | 표종록 133

5장 더 넓은 법조인의 세계

01 시민 단체 활동 변호사 '법'을 무기로 옳다고 생각하는 일에 덤비다
| 김진 147

02 기업 소속 변호사 나는 2년차 회사원이다! | 권순기 159

03 행정부 공무원 국민을 위해 미래를 준비하는 기쁨 | 조선영 171

04 미국 변호사 세상은 넓고 할 일은 진짜 많다! | 김형진 183

6장 법조인 정보 업그레이드

01 밖에서 본 법조인 법조 기자가 본 법원 안팎 풍경 몇 가지 | 김백기 197

02 법조인에 대한 궁금증 28문 28답 법조인, 아는 만큼 보인다! | 김백기 211

부록 법조인 관련 참고할 만한 사이트 | 231

1장

새내기 법조인의 좌충우돌 일기

사법연수생

사법시험보다
더 힘들었던 연수생 2년

| 박원경 |

1977년생. 2001년 연세대학교 법과대학 법학과를 졸업하고 2004년 서울대학교 법과대학원 석사 과정을 수료했다. 2003년 제45회 사법시험에 합격했으며 2004년 3월 사법연수원(35기)에 입소하여 2006년 1월 사법연수원을 수료했다. 현재 순천에서 공익법무관으로 근무하고 있다.

2년 전의 일이지만, 생각하면 지금도 가슴이 벅차다. 내 인생에 이제껏 그와 같은 감동은 없었고 앞으로도 없을 것 같은 순간이 바로 사법시험 2차 합격 소식을 들었을 때이다. 여러 번의 낙방 끝에 얻은 결과라서 그런지 눈물이 날 정도로(실제로 눈물을 흘렸다.) 행복했다. 이번에도 떨어지면 입대하고 제대 후엔 취직하겠다는 결심을 한 터라 기쁨이 더욱 남달랐다. 누구는 사법시험에 합격한 후 두 주일 동안 마치 넋 나간 사람마냥 비실비실 웃음이 나왔다는데, 나도 그에 못지않았다. 아무런 걱정 없이 편안하고 행복한 날들이었다.

물론 3차 면접시험이 남아 있긴 했다. 바로 전해에 면접에서 1명이 불합격되긴 했지만 지난 수십 년간 면접시험에서 불합격자가 나온 예가 없었기에 큰 부담 없이 면접을 치렀고 최종 합격 소식을 들었다.

그 후 연수원에서 치르는 면접이 있었다. 연수 생활이나 장래 희망에 대해 교수님과 일대일로 묻고 답하는 형식이었다. 이 자리에서 나는 연수원 기숙사에 입소하고 싶다는 뜻을 밝혔고 한 학기(3월부터 7월까지) 동안 연수원 기숙사에서 지낼 수 있었다.

모든 것이 새로운 1학기

2004년 3월 사법연수원 입소식. 사법연수생 모두가 일어나 선서를 했다. 예비 법조인으로 첫걸음을 내딛는구나 싶어 설레면서 긴장되었다. 입소식을 마치고 소속 반으로 이동하여 같은 반원 및 지도 교수님들과 만남의 시간을 가졌다. 이 자리에서 비로소 사법연수생 배지와 임명장을 받았다.

어색하고 조금은 딱딱한 분위기, 교수님께서 자기소개를 하라신다. 거짓말 조금 보태면 연수 생활 내내 이 자기소개라는 걸 백 번도 넘게 한 것 같다. 말주변도 없고 많은 사람 앞에 서면 떨리고 주눅 드는 나로서는 자기소개만큼 곤혹스러운 것이 없었다.

이어 반에서 최고령자가 반장, 각 조에서 최고령자가 조장이 되었고, 반 총무는 자청에 따라 정해졌다. 반장과 조장은 반과 조를 대표하여 지도 교수님과 연수생 간의 다리 역할을 한다. 대부분의 연수생들이 각 반이나 조에서 뭔가 직책 하나쯤은 가지고 있다. 나이 많은 것도 서러운데 일도 많은 반장, 조장까지 시키는 게 너무한 듯싶지만 관행이라니 뭐랄 수도 없다.

사법연수생은 별정직 5급이라는 공무원 신분이 부여되고 상응하는 급여와 대우를 받는다. 이에 대해 다른 전문직 연수와 형평이 맞지 않는다는 지적이 있지만, 로스쿨 제도가 시행되고 사법시험과 사법 연수 제도가 폐지될 때까지는 이 제도가 유지될 듯하다.

연수원 1년차의 경우 5급 1호봉, 2년차의 경우 2호봉 정도를 받는다. 자치회비, 반비, 조비, 동문회비, 기타 각종 회비 등을 공제하고 나면 보너스가 없는 달에는 대략 70~80만 원 수준이다. 물론 배우는 처지에 봉급까지 받는 것이니 액수가 적다고 뭐라 하긴 어렵다. 다만 공무원 신분이라 아르바이트도 할 수 없고, 나이도 많고 부양가족이 있는 연수생 입장에서는 생활비가 턱없이 부족해서 대부분 마이너스 대출을 받는다. 나 역시 부모님께 "월급이 부족하니 좀 보태 주십시오."라고 할 처지가 못 되어 마이너스 대출을 받아서 생활하고 있다.

연수원의 또 다른 이름, 마두고등학교

사법연수원은 판사 및 예비 판사의 연수와 사법연수생의 수습에 관한 사무를 관장하는 대법원 소속 기관으로 1971년 1월 1일 개원했다. 고등법원장 급의 원장 1인, 검사장 급의 부원장 1인, 고등법원 부장판사 급인 수석 교수 1인, 그리고 상당수의 교수와 강사가 연수원의 교육을 담당하고 있다. 사법연수원 교수는 법조 경력 20년 이상의 부장판사와 부장검사로 구성되며(반별로 민사 교수, 형사 교수, 검찰 교수 세 분이 지도를 담당한다.), 외부 교수로는 민사 변호사 교수님, 형사 변호사 교수님이 계신다.

연수생 1000명 시대를 맞아(내가 속한 35기의 경우 888명) 16개 반으로 나누고, 다시 각 반마다 19~20명 정도씩 3개 조로 나눈다. 각 조마다 민사·형사·검찰 교수님이 지도 교수를 맡는다. 연수원 생활이

조나 반 위주로 운영되고 있어서 인간관계가 협소해지는 측면도 있지만 조원들 간의 친목이 더욱 돈독해지는 측면도 있다.

사법연수원은 대학원 시스템에 기반을 두고 운영된다. 그러나 반과 조를 나누고 담임선생님이라 할 수 있는 세 분의 지도 교수님까지 있으니 어찌 보면 고등학교 같다. 그래서 연수원을 두고 우스갯소리로 '마두고등학교'라 부르기도 한다. (연수원이 일산 마두 근처에 있다.)

담임선생님 같은 교수님이라지만 실제 실무 수습을 나가면 부장판사, 부장검사 등 까마득한 상사여서 감히 얼굴 뵙기도 쉽지 않은 분들이다.

'폭탄주'가 도는 회식 및 모임

입소식 첫날, 우리 조 지도 교수님과 회식이 잡혔다. 20명 정도의 일행이 들어가면 꽉 찰 만큼 작고 허름한 고깃집. 말로만 듣던 폭탄주가 돌고 자기소개와 폭탄사(辭)를 했다. 새로운 사람과 만나 새로운 환경에 적응하는 것은 늘 쉽지 않은 일이다.

연수원에는 모임이나 행사도 많다. 공적인 성격의 모임(연수생들의 대표 기관인 자치회 등)도 있지만 순수 동호회 성격의 모임도 많이 있다. 각자 취향에 따라 모임에 가입하고 친목을 도모한다. 나는 그동안 못해 본 것을 다 해 보겠다는 생각에 동문회, 향우회, 검도부, 열린마당(법률 상담 및 『미네르바』라는 연수원 내 잡지를 발간하는 모임), 학회 등에 가입했지만 제대로 활동한 것은 그리 많지 않다.

교도소 방문과 사회 봉사 활동

4월에는 교도소 방문이 공식 일정으로 잡혀 있다. 연수생들이 교도소 몇 곳을 나눠 방문하는데, 내가 간 곳은 영등포 교도소였다. 교도소를 자세히 보기는 처음이었다. 죄 지은 사람이 있는 곳이니 너무 호화스러워도 국민의 법 감정에 반하겠지만, 내가 본 영등포 교도소의 복역 환경은 너무나도 열악한 것 같다.

1학기에는 모든 연수생들이 봉사 활동(3학점)을 해야 한다. "연수생들에게 현실에 대한 참여 및 인식 기회를 제공함과 아울러 봉사를 통한 올바른 심성 계발을 유도하기 위하여" 원외 연수로서 사회 봉사 연수를 실시하는 것이다. 내가 속한 조는 일산 백석동 YMCA에서 3주에 걸쳐서 주말을 이용해 독거 노인을 위한 도시락 배달 및 청소 봉사, 장애우 체육대회 지원 봉사 등을 했다. 봉사 활동이 끝나면 감상도 적어 낸다. 나는 빡빡한 연수원 일정 때문에 일회성 행사에 그칠 수밖에 없는 아쉬움을 토로했던 것으로 기억한다.

부상자가 속출하는 체육대회

1학기 중 가장 큰 행사는 뭐니 뭐니 해도 4월에 있는 체육대회다. 1000여 명가량 되는 연수생이 참가하는 만큼 준비부터 만만치 않다. 종목은 축구, 농구, 발야구(여자 연수생 대상), 단체 줄넘기, 2인 3각 경기, 계주 등이다. 강의를 마친 후 예선전을 치르고 응원 준비까지 해야 하는 게 힘들어 연수생들 사이에선 "이렇게까지 해야 하나?" 하는 푸념이 나올 정도였다.

이렇게 푸념하다가도 일단 경기가 시작되면 경쟁이 장난이 아니라는 게 재미있다. 지는 것을 싫어하는 사람들이라서 그런지 얼마나 악착같은지 다리가 골절되고 코가 부러지는 등 부상자가 속출하기도 한다.

:: 연수원 1년차 4월에 있는 사법연수원 체육대회 장면. 경쟁이 매우 치열해 부상자가 생기기도 한다.

전혀 다른 형식의 시험 - 1학기 평가

6월 말, 연수원에서 치르는 첫 시험인 1학기 평가가 있다. 이미 3~4월이면 교재 강의가 끝나고 사례 연구나 기록 작성으로 들어가므로 강의 진도나 시험이 많이 부담스럽다.

때마침 시험 첫날이 사법시험 2차 시험일과 겹쳤다. 시험 감독 교수님께서 "지금 이 순간 사법시험 2차 시험을 보고 있을 친구나 후배를 생각하면서 시험에 임하세요."라고 하셨다. 순간 연수생들 모두가 웃었다. 그렇다. 1년 전 사법시험 2차 시험장에 있던 초조하고 불안했던 나보다는 현재의 내 처지가 그래도 낫지 않은가.

1학기 평가는 시험 과목도 많고 암기량도 만만치 않다. 출제 방식도 매우 독특하다. 객관식이라 하더라도 지문 7~8개 정도를 주고 맞는 지문을 모두 고르게 하는 방식이다. 답을 잘못 고르거나 모두 고르지 못하면 감점한다. 그래서 제대로 고른 지문보다 잘못 고른 지문이 더 많으면 마이너스 점수를 받을 수도 있다.

이런 평가 방식 때문에 정확히 아는 사람만이 좋은 점수를 얻을 수 있고, 적당히 알고 답을 내면 아예 답을 내지 않은 것보다 더 나쁜 점수를 받기도 한다. 가장 정확하게 평가하기 위한 방식이라고 한다. 문제를 접하면 풀 수 있는 것보다 못 풀 것 같은 문제가 더 많아 지금껏 본 시험 중에 가장 어려운 시험이구나 하는 생각이 절로 들 정도다.

연수와 법률 봉사 활동

여름 휴가 기간인 7~8월에는 연수와 봉사 활동이 있다. 내가 가입한 국제통상법학회는 유럽으로 연수를 간다. 세계무역기구(WTO), 유럽연합(EU), 세계지적재산권기구(WIPO), 국제유고전범재판소(ICTY) 등을 방문하는 것이다. 이를 위해 사전에 세미나도 하는 등 나름대로 준비를 했다. 여행 경비 대부분은 연수생 각자의 부담이다. 이 연수를 통해 법조 각 직역 외에 도전해 볼 만한 분야가 많다는 걸 알게 되었다. 시야를 넓히는 계기가 된 셈이다.

8월에는 법률 봉사 활동을 해야 한다. 이 즈음이면 사법연수원 자치 광장의 익명 게시판에는 연수생들의 하소연이 쏟아져 나온다. 한마디로 "연수원에서 뭘 가르쳐 줬다고 법률 상담을 하라는 것인가." 하는 것이다.

법률 봉사 활동은 연수생들이 그동안 배운 법적 지식을 토대로 공공 단체나 사회 단체에서 일정 기간 동안(2~4주 정도) 무료 법률 상담 활동을 통해 사회에 봉사하는 것이다. 연수생들은 주로 구청, 법률

구조공단, 노동 단체, 소비자 단체 등에서 방문자 및 전화 상담, 인터넷 상담 등을 한다.

연수원에서 겨우 한 학기만 공부한 상태여서 전문적인 상담을 하는 것 자체가 버거울 때다. 이 과정을 통해 자신이 얼마나 '모르고 있는지' 절실히 깨닫게 된다.

본격적인 공부가 시작되는 2학기

2학기 개강 후 9월쯤 되면 연수원이 굉장히 북적인다. 1년차 연수생의 2학기가 시작되고 실무 수습 및 전문 기관 연수(외부 연수)를 마친 2년차 연수생들이 돌아오는 시기이기 때문이다. 1, 2년차 연수생들이 모두 출근하는 날이면 주차하기가 그야말로 하늘의 별 따기다.

민·형사 모의재판

2학기에는 민·형사 모의재판이 가장 큰 행사다. 민사 모의재판의 경우 각 조별로 재판부, 원고 측, 피고 측을 맡고, 형사 모의재판의 경우 재판부, 검사 측, 피고인 및 변호인 측을 맡는 등 실제 재판과 동일하게 구성하여 재판을 해 보는 것이다.

역할 배정, 각종 서면 작성, 서면의 교환 및 검토, 변론이나 증언의 예행연습 등 모의재판 준비에 꽤 많은 시간이 소요된다. 이런 모의재판을 통해 재판 절차의 흐름 및 구체적 과정에 대해 더 많이, 더 정확히 이해하게 된다.

우리 반의 경우 의정부지방법원 고양지원 법정을 빌려 모의재판을 했는데, 실제로 재판을 하는 줄 알고 일반인이 방청할 만큼 실제와 동일하게 진행했다.

기록 연습 및 강평

2학기부터는 본격적인 기록 연습 및 강평이 시작된다. 기록은 민사 기록, 형사 기록, 검찰 기록과 같이 각종 서면이 편철된 것으로 대체로 실제 사건보다 다소 복잡하게 구성되어 있다. 검찰 기록을 예로 들자면, 피의자가 부동산 명의 신탁 약정에 의해 수탁자로서 소유권 이전 등기를 하여 그 부동산을 횡령하고 수표를 부도나게 하는 경우 이에 대한 사실 관계, 법률 관계를 판단하여 기소, 불기소를 결정하고 그에 대한 공소장, 불기소장을 작성하는 식이다.

2년차 연수생의 강의와 4학기 평가 일정을 고려해 2학기 기록 연습은 재택 작성이 주를 이룬다. 하지만 재택 작성이라고 좋아할 건 하나도 없다. 내 경우만 해도 복잡한 내용의 기록을 읽고 결정문을 쓰기까지 하루 이상 걸리기도 했으니.

수학여행

연수원을 '마두고등학교'라고 부르는 또 다른 이유는 2학기 10월에 수학여행을 가기 때문이다. 고등학교도 아니고 웬 수학여행이냐 싶지만 어쨌든 1년차 연수생들은 2박 3일 일정으로 수학여행을 간다. 달리 갈 데가 없어 보통 제주도로 간다. 수학여행이라는 과정을 굳이 넣은 건 2년차 연수생의 마지막 4학기 평가 준비를 위해 1년차 연수생들이 자리를 비워 주는 일환이 아닐까 싶다.

2학기 평가

12월 초에는 2학기 평가가 있다. 1학기 평가에 비해 암기 과목은 약간 줄고 기록을 보고 결정문(판결문, 공소장, 불기소장)을 쓰는 형식이 추가된다. 1학기 평가에 비해 과목 수는 약간 적지만 시험 시간은 더 늘어나는 등 피로도는 4학기 시험보다 더했던 것 같다. 10월에 이미 4학기 시험을 치르고 쉬고 있는 2년차가 얼마나 부러웠던지.

현장에 나가 공부하는 3학기

신정 연휴를 보낸 후 연수생들은 각자 실무 수습지로 출근한다. 연수원에서 배운 지식을 실제로 적용하며 실무를 익히라는 취지이다. 예전에는 실무 수습 기간이 훨씬 길었다는데 지금은 6개월이다. 내가 속한 A조는 검찰, 법원, 변호사 순으로 2개월씩 실무 수습을 하게 되었다. (연수생에 따라 순서가 다를 수 있다.)

검찰 실무 수습(1~2월)

검찰 실무 수습 기간에는 연수생 신분에서 검사직무대리로 발령받고 (각 검찰청마다 약간씩 다르지만) 검사실에 배속되어 검사 직무를 수행한다. 경찰에서 송치되어 온 사건에 대한 기록을 검토하고, 필요할 경우 피의자나 참고인을 소환하여 조서를 받으며, 결정문(공소장, 불기소장)을 작성하는 등의 업무를 맡아 처리하는 것이다.

대개 이 시기에는 경찰에서 송치되어 오는 사건이 많지 않은데다 내가 실무 수습을 하던 곳은 지방의 지청이라 사건이 많지 않았다. 나는 그때 25건 정도의 사건을 처리했다. 조서를 처음 받았을 때의 긴장감은 말로 표현하기조차 힘들다.

결정문을 쓰면 검사님, 부장검사님, 차장검사님께 차례로 검사를 받는데 제대로 못 썼다고 혼날 때엔 마치 검사 앞에 선 피의자가 된 모양으로 '쫄아서' 기가 죽곤 했다.

법원 실무 수습(3~4월)

법원 실무 수습 기간에는 민사 및 형사 판결문 작성, 즉결 사건 심판 방청, 구속 적부 심사 및 보석 사건 방청, 법정 방청, 조정 사건 처리, 경매 법원 방청, 국선 변호 등을 필수로 이수해야 한다.

나는 국선 변호가 가장 기억에 남는다. 2건 정도를 맡았는데, 그 중 하나는 폭행 사건으로 이미 전과가 있는 사람이 벌금 액수가 과다하여 항소한 것이고, 다른 하나는 찜질방에서 휴대전화와 지갑을 절취하여 구속되었는데 과거에 유사 전과가 수차례 있음을 이유로 1심에서 실형이 선고되어 항소한 것이었다.

앞의 사건에 대해서는 참고 자료와 정상 자료를 많이 제출하여 벌금 액수를 감액해 달라는 취지로 변호했고, 뒤의 사건에 대해서는 실형 선고만은 하지 말아 달라는 취지로 정상 자료를 제출했으나 모두 항소가 기각되었다. 나름대로 할 만큼 했다고 생각했지만 결과가 좋지 못하니 미안해서 선고 후에 피고인을 따로 만나 보지도 못했다.

변호사 실무 수습(5~6월)

변호사 실무 수습의 경우 어디에서 하느냐에 따라 노동 강도가 다르다. 개업 변호사를 희망하는 연수생은 개인적으로 아는 변호사 사무실에 찾아가 직접 일을 배우지만, 나를 포함한 대부분의 연수생들은 가볍게 수습을 할 요량으로 대형 법무법인을 선택했다. 아마 마지막 학기 시험 준비도 고려한 선택이었을 것이다. 법무법인에 따라 차이가 있겠지만 내가 수습한 법무법인에서는 강의 형식으로 실무 수습이 진행되었다. 실제 기록을 나눠 주고 그에 대한 소장, 답변서 등을 작성하는 식이었다.

전문 분야 실무 수습(7월)

최근부터 실시된 과정으로 법원, 검찰, 변호사 사무실이 아닌 타 전문 기관(기업체, 공공 기관) 등에서 실무 수습을 하는 것이다. 보통 기간은 2~4주 정도이다. 나는 국제통상법학회를 통해 미국 뉴욕의 콜롬비아대학교 로스쿨에서 수습하는 것으로 대체하였다.

마지막 관문 4학기

마지막 4학기 평가를 앞두고 본격적인 평가 준비가 시작된다. 기억이 가물가물한 각종 기재례와 법리를 다시 살펴보면서 3년치 민·형사 판례와 그동안 써 보았던 기록을 중심으로 공부를 한다. 연수원에서 사실상 마지막 관문이라 할 수 있는 4학기 평가는 10월 초부터 시작하여 중순까지 민사 재판 실무, 형사 재판 실무, 검찰 실무, 민사 변호사, 형사 변호사 총 5과목에 대해 하루 걸러 기록 시험을 본다. 민사·형사·검찰 실무 과목은 하루에 8시간씩 결정문(판결문과 공소장, 불기소장)을 쓰는 것으로 시험을 치른다.

:: 2년간의 교육을 마치고 사법연수원 수료식을 하는 장면. 사진은 33기 사법연수원 수료식이다.

    그동안 좋은 성적을 받았던 연수생은 그 성적을 유지하기 위해, 좋지 못한 성적을 받은 연수생은 이를 만회하기 위해 너나 할 것 없이 최선을 다한다. 공부할 분량과 그 내용에 있어서는 내가 본 시험 중에 가장 어려웠다. (사법시험보다 더 어려웠다.)

    4학기 평가는 육체적·정신적으로 무척이나 힘들다. 몇 년 전, 이 시험을 치르다 과로사한 연수생도 있다고 한다. 그래서인지 시험을 치르는 도중이라도 점심 시간이 되면 종이 울린다. "지금부터 1시까지는 점심 시간입니다. 연수생들은 모두 준비한 도시락으로 식사를 하시고 앞에 준비된 사탕을 섭취하시어 체력 저하를 방지하시기 바랍니다."라는 안내 방송까지 나온다. 그러나 시험 도중에 제대로 식사하는 연수생은 거의 없다. 겨우 빵 한 조각, 김밥 한 줄로 때우고 시험을 보기 일쑤이다.

    부정 행위를 방지하기 위해 화장실에 갈 때도 강의실에 남자용, 여자용 번호표를 붙여 놓고 한 사람씩 화장실을 다녀오게 하니 수능시험 감독 저리 가라다. 이런 광경을 사람들이 보면 어떻게 생각할까?

4학기 평가가 끝난 후 몇 주간의 테마 특강과 2박 3일의 수료 여행을 마치고 돌아오면 성적표가 기다리고 있다. 이제 현실적인 고민이 시작된다. '연수원 1000명 시대'라느니 '연수생, 수료 후에도 취업 못해'라는 식의 신문 기사가 나오고, 실제로 변호사 업계 사정은 예전만큼 좋지 않다. 그래서인지 바로 변호사 개업을 하려는 연수생도 드물다. 나처럼 아직 군대를 다녀오지 않은 연수생들은 3년간의 유예(?)가 있어서 다행 아닌 다행이지만.

결국 사법연수원을 나서는 순간 전문성을 무기로 경쟁력을 다져야 한다.

예비 판사

마라톤을 준비하는 마음으로

| 김경호 |

1975년생. 1998년 서울대학교 법과대학을 졸업하고 2000년 제42회 사법시험에 합격했다. 2003년 사법연수원(32기)을 수료하고 2년간 인천지방법원 예비 판사로 일했다. 2005년부터 서울중앙지방법원 민사부 판사로 가처분 사건 등을 담당했으며 현재는 '김앤장' 법률사무소 변호사로 활동하고 있다.

고등학교 때부터 막연히 법조인이 되고 싶어서 법과대학에 진학한 나는 몇 번의 고배를 마신 후 사법시험에 합격했다. 법조인이 오랜 꿈이긴 했지만 정말 나의 진로를 진지하게 고민한 시기는 사법연수원 3학기 때였다. 실무 수습 과정을 통해 법조 각 직역의 구체적인 업무 내용과 특성에 대해 어느 정도 구체적인 상이 잡혀 있는 상태였고, 각 직역 모두 너무나 중요한 역할을 수행하고 있으므로 판사, 검사, 변호사 모두를 하고 싶은 마음이 들기도 한 것이 솔직한 심정이었다. 그러나 각 직역이 나뉘어 있고 업무 내용도 엄연히 구별되는 이상 내 적성에 가장 잘 맞는 한 직역을 택해야 했다.

법원은 분쟁을 해결하는 과정에서 어느 한쪽에 치우치지 않는 중립적인 위치에서 종국적인 판단을 내리는 역할을 수행하고 있다는 점, 법관은 그 업무가 독립적이고 헌법과 법률에 의해 신분이 확실히 보장되며 인사 시스템이 상대적으로 매우 투명하고 공정하다는 점 등이 마음에 끌렸다. 그래서 고등학생 시절 가졌던 막연한 꿈이 아니라 확신을 가지고 판사가 되기로 마음을 굳게 다졌다.

하지만 판사가 되는 게 쉽지는 않았다. 판사 임용에는 사법연수원의 성적도 중요한 고려 대상이었으므로 대학 신입생처럼 놀았던 연수원 1학기를 제외하고는 학기 내내 꾸준히 공부했다. 공부에 체력은 필수여서 웨이트 트레이닝과 수영을 병행하기도 했다. 드디어 4학기 마지막 시험. 전혀 예상치 못한 문제가 많이 나와 당황하기도 했지만 다행히 바라던 직역에 갈 수 있을 정도의 성적을 받았다.

2년간의 연수원 생활을 마치고 무척이나 긴장된 법원 면접 과정을 거쳐 대법원에서 예비 판사 임명장을 받았다. 드디어 대한민국 사법부의 일원이 되었다는 기쁨과 자긍심과 함께 앞으로 해야 할 일에 대한 무거운 책임감을 동시에 느꼈던 게 지금도 기억에 생생하다.

2년간의 예비 판사 생활

예비 판사 1년차, 인천지방법원 제1형사부에서 형사 항소심 업무를 담당했다. 연수원에서는 1심 판결서 작성 방법에 대한 강의만 들었기에 형사 항소심 기록은 처음 접했다. 항소심 기록에다 1심 기록까지 붙어 있어 수사 기록의 양이 만만치 않았다. 항소심 기록에 어느 정도 익숙해지기까지 3개월가량은 거의 매일 야근에, 주말에도 출근해 기록을 검토하고 판결문을 작성하는 일과가 반복되었다.

:: 사무실에서 기록을 읽고 있는 필자.

시간이 지나면서 형사 항소심 기록에는 어느 정도 적응되었지만 양형(量刑 : 형량을 정하는 일)은 여전히 어렵게 느껴졌다. 재판부 내에서 합의 과정을 거치므로 부장님(부장판사)의 경험에서 비롯된 적정한 양형이 가능했지만, 주심판사인 내가 먼저 적정한 양형에 대한 의견을 제시해야 했기 때문이다. 이를 위해 열심히 기록을 읽고, 법원의 수많은 판결문이 등록되어 있는 문서 관리 시스템에서 비슷한 사건들을 다수 검색하여 다른 법원의 양형은 어떠한지 찾아보았다.

형을 정할 때에는 피고인의 연령, 성행(性行), 지능, 환경, 전과 유무, 피해자와의 관계, 범행 동기, 범행 수단과 결과, 범행 전후의 정황 등 수많은 양형 인자를 종합적으로 고려한다.

문제는 이런 과정을 거쳐 내가 결정한 양형이 1심 양형과 2~4개월 정도 차이가 날 때이다. 어떻게 해야 할까 항상 고민스러웠다.

이론적으로는 사정 변경이 없는 한 항소심에서 2~4개월의 단기 감형은 바람직하지 않다. 1심의 적정한 양형을 전제로, 피고인의 항소 남발을 방지하고 하급심 재판에 대한 국민의 신뢰성을 제고하기 위해서다. 그러나 다른 한편으로 피고인 입장에서는 2개월은 너무나 큰 차이이고 구금된 상태의 2개월은 실제로 꽤 긴 시간이다.

나는 기록에 나타난 여러 사정을 부장님께 말씀드리며 감형 의견을 제시하여 단기 감형을 하는 것으로 합의하기도 했다. 범죄를 범한 피고인의 잘못에 상응하는 처벌은 필수적이지만 수많은 피고인이 자필로 작성한 반성문과 지인들의 탄원서를 읽다 보면 사람까지 미워할 수 없는 경우가 많았다.

형사 재판에 있어 유·무죄를 판단하기는 정말 쉽지 않았다. '의심스러울 때는 피고인의 이익으로'라는 형사소송법의 대원칙과 '실체적 진실의 발견'이라는 법원의 책무는 대체로 같은 방향으로 나를 인도했지만, 때로는 다른 방향으로 움직이며 내 마음속에 갈등을 불러일으키기도 했다.

1심에서 무죄를 선고했던 마약 판매 사건에 대한 선고를 파기하고 유죄로 바꾼 일은 지금도 기억에 많이 남는다. 공범 중 한 사람이 자백을 했고 여러 정황상 그 자백에 신빙성이 있다고 판단되는데, 원심은 증거 불충분으로 무죄를 선고했던 것이다. 당시 우리 재판부는 숙고 끝에 원심을 파기하고 유죄 판결을 선고했다. 물론 무죄 판결을 쓰는 것 이상의 노력을 들여 판결문을 작성했다.

유죄 선고 직후, 공범 중 한 사람이 다른 공범의 얼굴을 주먹으로 때려 법정이 소란스러워졌다. 이에 대해 별도로 입건하여 추가로 처벌할 것인지를 부장님, 배석판사님, 공판검사님과 상의하기까지 했다. 결국 피고인을 별도로 입건하지는 않았지만, 그렇게까지 분노하는 피고인을 보면서 순간 혹시 1심의 결론이 맞았던 게 아닐까 하는 생각이 들어 당혹스러웠다. 그 사건은 바로 대법원에 상고되었고 결국 유죄로 확정되었다.

모든 재판이 그렇지만 특히 피고인들끼리 심하게 다투는 사건일 경우에는 유·무죄를 판단하기가 정말 어렵다. 얼마 전 판사들을 상대로 진실과 거짓말을 가려내도록 하는 역할극 실험이 있었는데 실험에 참여한 11명의 판사 중 거짓말을 가려낸 사람은 3명에 불과했다고 한다. 일반인들과 크게 다를 바 없는 성적이다. 오판의 가능성을 최소화하기 위해 법관 연수 과정이나 사법연수원에도 참과 거짓을 가려내는 능력을 키우는 커리큘럼이 필요하다고 입을 모았다니, 참 많은 것을 느끼게 한다.

내가 다시 형사 재판 업무를 담당하더라도 이런 고민은 계속될 것이다. 형사 재판에 국한되는 것은 아니겠지만 훌륭한 판사가 되기 위해서는 법리에 대한 이해뿐 아니라 인간의 삶과 행동 양식에 대한 이해와 경험이 필요하다는 걸 절실히 깨달았다.

2년차 예비 판사 시절에는 인천지방법원 제1민사부에서 민사 항소심 업무를 담당했다. 민사 항소심의 판결문을 작성하는 것 또한 연수원 시절에는 배우지 않았다. 처음 업무를 시작하면서 『민사 항소심 판결 작성 실무』라는 책을 읽고, 같은 재판부에서 바로 전해에 선고한 판결들을 모두 읽으며 유형별로 분류하는 작업을 해 나갔다. 이를 통해 비교적 빠르게 업무에 적응할 수 있었다. 앞으로 법원에서 새로운 업무를 담당할 경우에 대비해 항상 다양한 업무 분야와 주제를 미리 찾아서 공부하는 등 적응력을 높여야겠다고 생각했다.

민사 항소심에서는 아주머니들의 계 관련 사건이나 동업자 간의 소송 사건, 종중과 종중원 사이의 토지 소송 등 비교적 어려운 사건들이 주를 이루었다. 변호사 없이 당사자가 직접 소송을 수행하는 경우도 많아 법률적으로 정돈되지 않은 주장을 근거로 판단하는 것이 쉽지 않았다. 이런 일을 겪으면서 준비 절차나 변론 과정에서 당사자를 직접 대면할 때 당사자의 주장을 잘 듣고 쟁점 및 증거 관계를 요령 있게 정리하여 기록에 남기는 것이 얼마나 중요한지 절감했다.

조정 기일에는 부장님의 지도·감독 아래 조정을 직접 진행하기도 했다. 쌍방의 이해관계를 조정하고 끈기 있게 당사자를 설득한 끝에 조정이나 화해가 성립되어 분쟁이 종결될 때에는 참 보람 있었다.

예비 판사 기간이 필요한 이유

처음 예비 판사 생활을 시작하면서 대단히 기쁘고 자랑스러우면서도 한편으로는 바로 판사로 임용되지 못하고 '예비' 딱지를 붙이는 것이 약간 아쉽기도 했던 게 사실이다.

그러나 지금은 생각이 다르다. 2년간의 예비 판사 기간은 바람직한 법관상에 대하여 고민하며 스스로를 가다듬고 사법연수원에서 배울 수 없었던 많은 것들을 직접 경험하고 배우면서 법관으로서의 능력과 자질을 키워 가는 시기였다고 생각한다. 법률 지식만 달달 외운 나이 어린 판사가 과연 훌륭한 재판을 할 수 있을까 하는 일반 국민들의 우려 섞인 의문을 완전히 불식시킬 만큼 경험과 연륜을 쌓기에는 턱없이 부족한 기간일 수도 있지만, 법관으로서 필요한 덕목을 갖추기 위해 부단히 노력하고 다양한 경험을 쌓아 가는 과정이었음은 부정할 수 없다.

예비 판사 2년을 마치고 판사 임명장을 받으면서 판사로서 갖추어야 할 삶의 자세와 마음가짐에 대하여 다시금 생각해 보았다.

판사는 사람을 판단하는 직업이며 그 판단의 결과에 따라 사람의 재산, 신체, 경우에 따라서는 생명까지도 좌우된다. 그러나 사람은 신이 아니기에 전지전능하지 않다. 자연히 재판을 하면서 능력의 한계를 느낄 때가 한두 번이 아니다. 그렇기 때문에 정교한 법체계를 만들어 놓은 것이다.

이러한 법체계를 제대로 적용하고 집행하기 위해서는 명석한 두뇌는 필수적인 것 같다. 그러나 단순히 사법시험을 잘 보고 연수원 성적이 우수하다는 것을 의미하는 것은 아니다. 상당한 수준의 기억력과 이해력, 수학적 사고력이 있어야 하고, 잘 듣고 잘 읽고 잘 쓰고 잘 말해야 한다. 인간과 세계에 대한 이해의 폭도 깊어야 하고, 균형 감각은 물론 사회 현상을 객관적으로 바라볼 수 있는 능력과 성직자에 준하는 도덕성까지 갖추어야 한다. 사건 당사자에게는 둘도 없이 중요한 사건이기에 사회의 이목이 집중되는 큰 사건은 큰 사건대로, 일면 사소해 보이는 작은 사건은 작은 사건대로 한 건 한 건 최선을 다해야 하며, 소송 당사자와 국민들의 정당한 기대에 부응하기 위해 부단히 노력해야 한다.

2005년 현재, 나는 서울중앙지방법원 제51민사부에서 신속한 심리를 요하는 수많은 가처분 사건과 단독판사님들이 한 다양한 결정에 대한 항고 사건을 처리하고 있다. 이 일을 하면서 판사가 정말 쉽지 않다는 걸 머리가 아닌 몸으로 느끼고 있다. 이미 알고는 있었지만 일도 너무 많고, 그 많은 사건 기록을 빠르게 검토하고 법리 및 채권자와 채무자 사이의 이해관계 등까지 종합적으로 고려하여 정확한 판단을 내린 다음 장문의 판결문, 결정문을 제때에 써 낼 수 있는 능력을 갖추는 것은 참으로 어렵다. 강인한 체력과 인내심은 필수다. 상황이 이렇다 보니 업무 스트레스가 상당하다. 가슴이 답답해지는 순간도 많다.

그럼에도 불구하고 나는 판사라는 직업에 만족한다. 나뿐만 아니라 대부분의 선배 법관들도 같은 생각인 것 같다. 판사가 되는 과정이 쉽지 않은 만큼, 하는 일이 쉽지 않은 만큼, 직업 자체가 요구하는 덕목이 많은 만큼, 판사의 직무를 성실히 수행하고 분쟁을 해결하는 과정에서 얻는 명예와 스스로 느끼는 보람은 생각한 것보다 훨씬 크다고 자신 있게 말할 수 있다.

판사를 꿈꾸는 사람들에게

현재 진행 중인 사법 개혁으로 인해 법조인 양성 과정에 상당한 변화가 있을 예정이다. 로스쿨 제도가 도입되기 때문이다. 다양한 분야의 사람들이 법조인이 될 수 있도록 전공 제한 없이 일단 대학교를 졸업하고 로스쿨을 수료한 후 변호사 시험을 치러 합격하면 변호사 자격이 주어지고, 그 중에서 실무 능력, 성실성, 전문성, 공익성 등 다양한 요소를 반영하는 선발 과정을 거쳐 판사와 검사를 뽑는다고 한다.

앞으로는 판사 등 법조인이 되기 위해서는 대학을 졸업하고 로스쿨에 입학하는 것이 우선이다. 그러니 그때그때 학교 공부를 열심히 하고, 외국어 능력을 쌓고, 사회 봉사 활동을 하고, 종합적인 논리력·사고력·추리력 등을 키우며 판사에게 요구되는 여러 자질을 쌓기 위하여 꾸준히 노력해야 한다.

흔히 인생은 마라톤과 같다고 한다. 짧은 거리에서부터 시작해 중

거리를 거쳐 장거리에 이르기까지 오랜 기간 부단한 훈련을 쌓은 뒤에야 비로소 마라톤 풀코스를 완주할 수 있다. 처음 시도로 마라톤을 완주하는 것은 정말 어렵다. 설사 가슴이 터질 것 같은 고통의 순간을 잘 참아 내고, 레이스를 포기하고 회송 차량에 타고 싶은 강한 유혹을 이겨 내며 우여곡절 끝에 완주했다 하더라도 다음 완주를 위하여 다시 연습에 돌입해야 한다.

내 생각에는 판사가 되기까지의 과정도 마찬가지인 것 같다. 꾸준히 훈련하고 연습하는 마라토너처럼 오랜 기간 준비하고 노력해야 한다. 판사가 된 후에도 레이스는 멈추지 않는다. 새로운 법률 지식을 지속적으로 습득해야 하며, 인간에 대한 이해와 통찰력을 더욱 깊게 하는 노력을 평생토록 계속 해야 한다.

내 자신에게도 끊임없이 하는 말이지만, 훌륭한 판사가 되는 길은 순식간에 끝나는 100미터 달리기가 아니다. 몇 분 혹은 몇십 분, 설사 몇 년 늦게 출발했다 하더라도 꾸준히 달리다 보면 결승점에 도착할 수 있고, 혹 빨리 출발한 사람들보다 먼저 도착할 수도 있는 장기 레이스이다.

노력은 재능을 뛰어넘는다. 도착이 조금 늦어지더라도 멈추지 말라. 힘들더라도 포기하지 말라. 당신의 꿈에 집중하며 신념을 가지고 끝까지 노력하기를. 그렇게 꾸준히 노력하다 보면 어느덧 풍부한 지식과 경륜을 자랑하는 훌륭한 판사가 되어 있을 것이다.

2장

다양한 판사의 세계

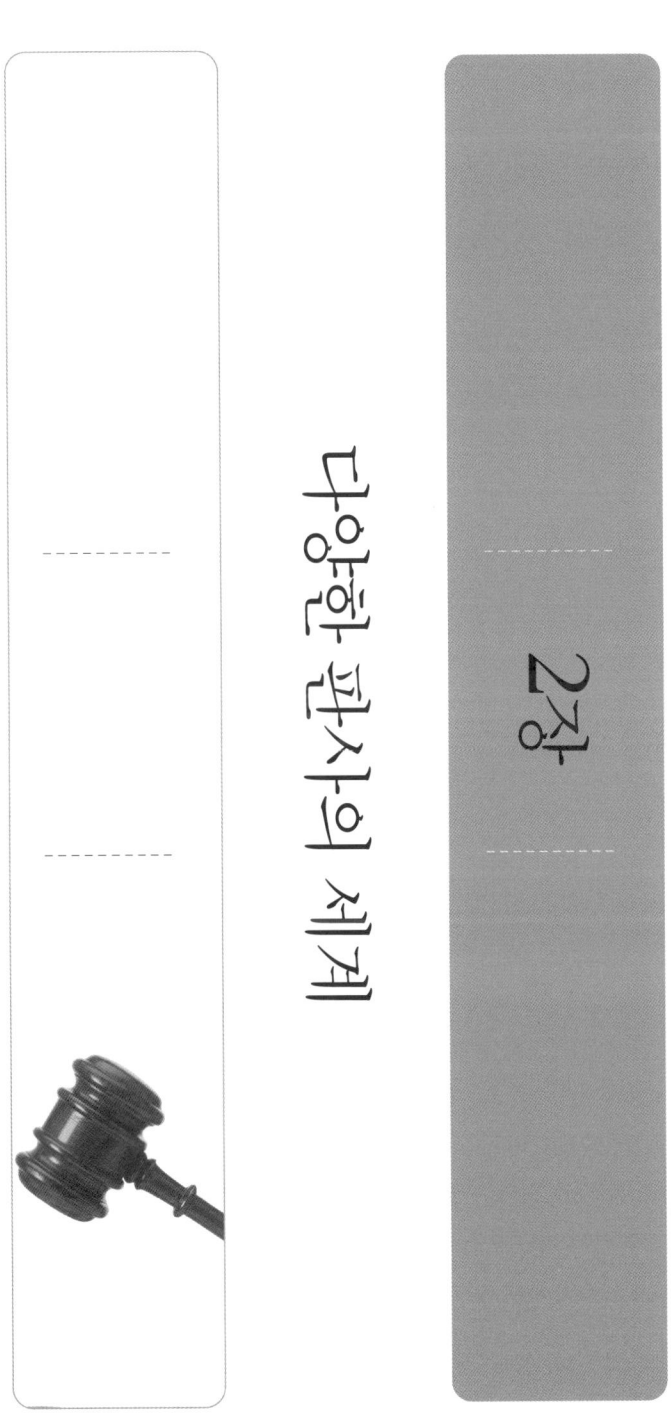

01　　　　　　　　　　　　　　　　　　　　형사합의부

'법복'이 주는
소명과 사명을 느끼며

| 김동현 |

1974년생. 서울대학교 법과대학(1998)과 동 대학원(2003)을 졸업했다. 1998년 제40회 사법시험에 합격하고 2001년 사법연수원(30기)을 수료했다. 2001년부터 3년간 공익법무관으로 근무하며 법률구조공단에서 영세민을 위한 소송 수행 및 무료 변론을 담당했고, 2004년 4월 대전지방법원 판사로 부임하여 민사합의부와 형사합의부에서 각각 1년간 재직하였다. 현재는 대전지방법원 수석부에 근무하면서 법원의 공보 업무와 파산 업무를 담당하고 있다.

이번 주에 우리 재판부에서는 한 피고인에게 무죄 판결을 선고했다. 이 판결을 위해 지난 한 주 동안 부장님(부장판사)과 수시로 의견을 교환하고, 재판 기록을 꼼꼼히 뒤져 가며 증거들을 검토하고, 고민을 거듭하며 판결서를 작성하느라 나는 주말을 내리 반납했다.

선고를 위해 판결서를 들고 법정으로 들어가는 발걸음이 왠지 숙연했다. 무죄 판결을 받아 든 피고인은 어떤 표정일까? 재판 과정 내내 결연하게 자신의 무고함을 주장하던 피고인의 얼굴이 떠올랐다. 무죄 선고는 과연 피고인의 거짓된 변명이 재판부를 완벽하게 속인 결과일까, 아니면 정말로 무고한 피고인에게 정당한 자유를 되찾아 주는 일일까? 우리가 내린 결론과는 별개로, 실제의 진실이 어떠한지는 아무도 모르는 일이다.

개정이 선언되고, 피고인이 불려 나왔다. 피고인은 스물두 살의 의경으로, 인터넷 채팅으로 만난 여고생을 강간했다는 취지로 공소가 제기되어 있었다. 피고인은 피해자와 합의 하에 성 관계를 가진 것일 뿐 강간은 아니었다고 혐의를 부인하고 있었다. 관계를 가질 때 피해자는 순순히 피고인의 제의에 응했으며 사건 다음날 아침에도 자신에게 키스를 하고 나갔을 정도로 강간이라고 볼 만한 정황이 없었다는 것이 피고인 주장의 골자였다. 반대로 피해자는 피고인이 자신을 강간했다고 주장했고, 피해자 가족 역시 격앙된 어조로 피고인을 비난했다. 그러나 피고인은 피해자가 부모님에게 혼날 것을 걱정한 나머지 위축된 마음에 거짓 진술을 하게 된 것이라고 맞섰다.

재판 과정 내내 수집된 증거들에 의하면, 사건 이후에도 피해자가 피고인에게 계속해서 휴대전화 문자 메시지를 보낸 정황이 있었고, 문자 메시지 내용들은 피고인의 변명과 상당 부분 일치하고 있었다.

피고인과 피해자의 주장이 첨예하게 맞서고 있고 현장을 직접 목격한 제삼자는 없는 상황에서 판결서를 작성하는 과정은 피고인의 말을 믿을 것인지, 피해자의 말을 믿을 것인지 사이에서 끊임없이 고뇌하는 과정일 수밖에 없다.

재판장이신 부장님께서 판결문을 읽어 내려갔다. 무죄를 선고한다는 취지가 점차 확연해지자 피고인은 갑자기 얼굴을 감싸 쥐고 울음을 터뜨렸다. 교도소에 구금되어 죄인이라는 오명을 견뎌야 했던 지난 6개월의 시간이 못내 북받치는 모양이었다. 선고를 마치고, 석방 준비를 위해 구치감으로 돌아가는 피고인의 뒷모습을 보면서(그는 여전히 울먹이고 있었다.), 우리가 옳은 판단을 한 것 같다는 안도감이 스쳐 지나갔다.

법정에 서는 순간 나를 감춘다

형사부 판사로서 가장 고민스러운 순간은 무죄를 강력하게 주장하며 검사의 기소 내용을 놓고 다투는 피고인에게 (결론이 어찌 되었든 간에) 판결을 선고하는 바로 그 순간이다. 기소 내용이 사실일지, 피고인의 변명이 사실일지, 재판 과정 내내 끊임없이 고민해야 한다. 무죄 판결을 내릴 때에는 내가 피고인에게 속아 넘어간 것은 아닌지, 유죄 판결을 내릴 때에는 내가 무고한 사람에게 가혹한 형벌을 주는 것은 아닌지, 만에 하나 있을지도 모를 오판의 가능성 때문에 어깨가 무거워진다.

법관은 신이 아니므로, 검사의 기소 내용과 피고인의 변명 중 어느 것이 사실인지 명백히 알 수 없다. 그러나 법관이 어느 한쪽이 진실하다고 선언하는 순간, 그것이 정말로 진실인 것처럼 법적인 효력이 발생한다. 적어도 법의 세계에서는 법관은 전지전능한 신으로 간주되고 있는 셈이다.

성경에 묘사된 재판은 모세로부터 시작된다. 모세는 신의 위임을 받은 존재로서 백성들을 재판했다. 세월이 흘러 모세의 기력이 쇠하고 재판 업무가 과중해지자 모세의 위임을 받은 재판관들이 모세를 대신하여 백성들을 재판했다. 그런가 하면, 지혜로운 재판의 대명사로 일컬어지는 솔로몬은 신에게 '하나님의 백성을 재판할 수 있는 지혜'를 구했다. 솔로몬이 현명한 재판을 할 수 있었던 것은 신으로부터 전수받은 지혜에 힘입었던 것이다.

서구식 재판 모델을 받아들인 우리나라에도 이러한 전통은 그대로 이어지고 있는 셈이다. 법관이 재판에 임하면서 법복을 입는 것은, 말

∷ 법복. 재판에 임할 때마다 법복을 입는다. 법복을 걸치는 순간 느껴지는 마음의 묵직함과 사명감은 오래도록 사라지지 않을 것 같다.

하자면 제사장들이 제의(祭衣)를 입는 것과 같은 의미를 가지며, 법관은 신을 대신해서 법정에 들어가는 것이다.

　이런 의미를 생각하면 나는 도저히 "직업이 판사다."라는 말이 나오지 않는다. 이 자리를 지키고 있을수록 법관은 성직이며 직업이라기보다는 사명이나 소명에 가까운 것이 아닌가 하는 생각이 강해진다.

　법복을 입을 때마다, 어린 시절 교회 성가대에서 활동하던 때가 생각난다. 처음 성가대에 서던 날, 가운을 입는 것만으로도 마음이 경건해졌다. 가운을 입는다는 것은 뭐랄까, 구별된 사람이라는 느낌을 준다. 법관 역시 가운을 입음으로써 구별된 사람이 되는 것은 아닐까? 한 인간으로 그 자리에 서는 것이 아니라, 신의 대리인으로서, 그의 뜻과 정의를 이 땅에 펴기 위해 나 자신을 감추어야 하는 것이다. 일주일에 두 번 있는 재판은 버티고 서 있는 것이 힘겨울 정도로 버거운 일상이지만, 세월이 흐르고 그 일상이 계속 반복되어도 법복을 걸치는 순간 느껴지는 마음의 묵직함과 사명감은 사라지지 않을 것 같다.

'납품' 기일에 쫓기는 배석판사

내가 속한 재판부는 형사합의부이다. 살인, 강도, 강간, 뇌물, 선거 등 가장 흉악하거나 중대한 사건들을 담당하는 재판부로 부장판사 1인과 배석판사 2인으로 구성되어 있다. 부장판사(보통 법정에서는 '재판장'이라고 부른다.)는 전체 사건에 대한 재판을 진행하며 배석판사가 작성한 판결서 초고를 검토하여 판결문을 최종적으로 완성하는 역할을 맡고, 부장판사를 중심으로 우배석과 좌배석으로 구분되는 배석판사는 전체 사건을 절반으로 나누어 판결서를 작성하는 임무를 분담한다. 나는 그 중 우배석을 맡고 있다.

판사들의 일상은 대개 일주일을 단위로 돌아간다. 우리 부의 경우 월요일과 수요일에 재판을 한다. 재판 과정에서는 주로 피고인과 증인을 신문하고 제출된 증거의 진실성을 확인하는 등 결론을 내리는 데 필요한 자료를 수집하는 일에 역량이 집중된다. 판결 선고는 수요일에만 하므로 수요일 재판이 끝나면 목요일부터 금요일 오전까지는 주로 다음 주에 선고할 사건의 재판 기록을 읽고, 금요일 오후에는 결론을 '합의'한다. '합의'란 사건의 결론을 내기 위해 재판부 구성원의 의견을 취합하는 과정을 말하며, 부장판사 1인, 배석판사 2인이 각각 1표씩을 갖고 다수결에 의해 결론을 내린다.

합의가 끝나면 배석판사는 각자 맡은 사건에 대한 판결서 작성에 들어간다. 판결서를 작성하기 위해 피고인의 주장을 꼼꼼히 검토하고 피해자의 울부짖음을 살펴보면서 그것이 여러 증거에 비추어 왜 말이 안 되는지, 아니면 왜 말이 되는지, 사고의 흐름을 정리해 나가는 과정은 형체 없던 정의가 비로소 골격을 잡아 가는 과정과도 같다.

∷ 야근 중인 필자. 업무가 몰릴 때에는 주말도 없이 일을 하는 경우도 있다. 책상 위에는 두터운 기록과 법전이, 컴퓨터에는 자료 검색을 위한 화면이 떠 있다.

보통 선고일 하루 전(우리 부의 경우 화요일)에는 판결서 초고를 부장님께 드려야 한다. 판사들 사이의 은어로 이를 '납품'이라고 부른다. 부장님은 납품받은 판결서를 검토하고 수정해야 할 부분을 표시해서 다시 배석판사에게 돌려주며, 최종적으로 판결서가 통과되면 판사의 일주일이 비로소 끝난다.

때문에 배석판사들은 늘 납품 기일을 의식하며 산다. 마치 만화가가 마감일을 의식하며 사는 것과 같다. 위에서 말한 배석판사의 일상에 비추어 보면 얼핏 생각해도 판결서를 작성할 시간을 내는 것이 쉽지 않다는 것을 눈치 챘을지도 모르겠다. 금요일 오후에 합의를 하고 판결서 작성에 들어가면, 주 5일 근무제이므로 토요일과 일요일은 휴일이라 쉬고 월요일에는 하루 종일 재판을 하므로 판결서를 작성할 시간이 없다. 화요일과 목요일에는 보통 약식 명령이라고 하여 간단한 벌금 사건들을 검토하고 결재하는데, 일주일에 약 500건을 처리하므로 이 또한 만만한 양이 아니다. 그러니 제때 판결문을 작성해 납품하기 위해서 야근은 필수요, 잘못하면 주말까지 반납해야 한다.

재판은 재판대로 길어진다. 피고인들은 인생이 걸린 문제이니만큼 필사적으로 변명을 하고, 증인을 세우고 증거를 제출한다. 오전 10시부터 12시까지 오전 재판을 하고(물론 길어지는 경우도 있다.), 오후 2시부터 오후 재판을 시작하는데 공무원 퇴근 시간인 6시까지 마치는 경우는 많지 않다. 내 경험상 가장 오래도록 재판이 계속된 것은 밤 11시까지였다. 오후 2시에 시작해 9시간 동안 쉬지 않고 재판을 하다 보면 '백골이 진토 되어 넋이라도 있고 없'어질 정도가 된다. 머릿속이 멍해지고 탈진하는 경우도 없지 않다.

사명감 때문에 이 일을 하지만 쉬운 일은 아니다. 그러나 우리의 일이 사회 정의를 바로 세우는 데 일조한다고 생각하면 도저히 대충대충 게을리 할 수는 없다.

어느 정도의 형을 부과할 것인가?

사건의 70퍼센트 이상은 대개 자백하는 사건들로 크게 정력을 쏟지 않아도 유죄를 인정하는 데에는 별 문제가 없다. 그러나 그 경우에도 형을 어떻게 정하느냐는 대단히 어려운 문제이다. 법전에는 죄목마다 어떤 형을 부과할 것인지 대략의 기준을 정해 두었지만(이를 '법정형'이라 한다.), 법정형이라는 것은 그 범위가 매우 넓어서 어느 정도의 형을 부과할 것인가 하는 양형의 재량이 법관에게 크게 부여되는 편이다. 근래에는 양형 기준법을 제정해 몇 가지 요소를 기준으로 법관이 내려야 할 형량을 법으로 정해야 한다는 논의도 나오고 있다. 양형에 반영되는 요소가 워낙 다양하고 정도 역시 천차만별이라 그것을 일일이 법으로 정한다는 발상 자체가 '난센스'일지도 모른다. 그러나 법관들로서도 각 재판부마다 형의 기준이 들쭉날쭉하여 생기는 폐단에 대해서는 모두 공감하고 있으므로 대략적인 양형 기준이 필요하다는 데 대해서는 동의하고 있는 편이다.

인간적으로는 친절하고 부드러운 사람이 되고 싶지만, 그렇다고 양형에 있어 마냥 관대해질 수는 없는 노릇이다. 재판 과정에서는 피해자보다는 피고인의 입장이 더 부각되기 때문에 오히려 피고인이 처한 사정에 동정과 연민이 가는 경우도 많으며, 중한 형을 부과하는 것을 주저하게 되는 경우도 있다. 반면 어떤 법관들은 '형이 약하다.'는 말을 듣는 것을 무척 기분 나쁘게 생각하기도 하는데, 이를테면 '대담하지 못하다.'는 정도의 의미로 들리는 모양이다.

형벌의 목적은 무엇일까. 형법 교과서에 따르면 크게 세 가지로 분류한다. 첫 번째는 응보형주의로 죄를 지었으면 그에 상응하는 대가를 치러야 한다는 식의 사고이다. 두 번째는 특별예방주의로 범죄자를 교화하기 위해 형벌을 부과한다는 사고이다. 세 번째는 일반예방주의로 한 사람을 처벌함으로써 사회 전체에 경고하는 효과를 노리는 것이다.

그러니 판사가 피고인의 형을 정하기까지 크게 세 가지의 형벌의 목적을 고려하지 않을 수 없고, 구체적으로는 피고인이 뉘우치고 있는 정도, 전과, 피해 보상 여부, 피해자가 처벌을 원하고 있는지 여부 등 매우 세세한 양형 요소들을 참작한다.

법정에서는 수많은 피고인들의 인생이 다양하게 펼쳐진다. 눈물 없이는 들을 수 없는 딱한 사정에 처한 피고인들도 있고, 때로는 치가 떨릴 정도로 파렴치한 범죄자도 있다. 어떤 피고인은 지은 죄가 너무 많아 판결문에 그 죄를 다 언급하려면 수십 페이지가 넘어가기도 한다. 그처럼 다양한 피고인들에게 가장 합당한 형벌은 어떤 것일까 항상 고민한다. 우리가 정한 형벌로 인해 피고인이 뉘우치고 새로운 인생을 살 수도 있고, 아니면 여기서 주저앉아 전문적 범죄자의 길로 들어서게 될 수도 있기에 늘 고민하지 않을 수 없고, 때로는 형벌을 부과함으로써 피고인의 인생이 파탄 나지 않을까 염려가 되기도 한다. 또 피해자의 눈물을 어떻게 닦아 주어야 할지도 외면할 수 없다.

법관의 판결은 이처럼 한 사람의 인생에 절대적 영향을 끼칠 수 있다. 그러니 법관에게는 인생과 세상에 대한 깊은 통찰과 인간에 대한 애정, 그리고 다소 고지식하다 할 수 있을 정도의 청렴한 도덕 관념이 요구된다. 때때로 법관에게 요구되는 덕목을 갖추는 것이 버겁고 힘들게 느껴질 때도 있다. 그래도 법관으로 일하면서 얻는 자긍심과 명예로움은 다른 직업에 견줄 수 없을 것이다.

사회의 큰 틀을 정한다

법관은 직업이라기보다는 성직이라고 생각하지만 법관 역시 한 사람의 직업인으로 살아야 하는 현실을 부정할 수는 없다. 나는 법관보다 더 만족스러운 직업을 찾을 수 없을 거라는 생각이 들 정도로 나의 선택에 만족한다. 원래부터 진리를 탐구하고 내 생각을 글로 풀어 쓰는 일에 매력을 느끼는 내게, 매일같이 읽고 연구하고 쓰는 것이 대부분인 법관의 일이 좋을 수밖에 없다.

법관의 일이 사회에 큰 영향을 끼칠 수 있다는 것에도 무척 보람을 느낀다. 한 사건에 대한 재판 결과는 사건 당사자에게도 지대한 영향을 끼치지만, 나아가 사회 전체를 향해 이와 유사한 사안에 대해 법원이 어떠한 판단을 내리고 있는지 선포함으로써 사회 구성원들이 앞으로 행동을 정하는 데 지침이 되기도 한다. 말하자면, 법관은 사회의 큰 물줄기를 정하는 데 중요한 역할을 하고 있는 것이다.

법관은 그 한 사람 한 사람이 존중받으며, 초임 판사의 의견이라 해서 무시되지 않는다. 경력이 일천한 법관이라도 나름의 고민 끝에 의견을 내놓으면 토론 과정을 통해 그 의견을 충분히 관철할 수 있는 길이 열려 있고, 단지 경력이 짧다는 이유만으로 묵살되는 일은 없다. 국민들이 법관과 법관의 일에 보내는 신뢰와 존경이 여전하다는 것까지 고려하면 참 의미 깊은 직업이다.

많은 사람들이 궁금해 하는 것 중 하나가 바로 법관이 받는 보수이다. 주로 법관의 보수가 많은지 적은지가 관심의 대상인데, 이에 대해서는 법관마다 인식의 차이가 존재하는 것 같다. 어떤 이는 충분하다며 만족하고, 또 어떤 이는 지나치게 적다고 불평한다. 사람마다 필요한 물질의 정도가 다르니 그 절대적인 많고 적음을 따질 수는 없지만, 사회 전체적으로 볼 때 나는 법관이 그리 적은 보수를 받고 있다고는 생각하지 않는다. 나처럼 젊고 미혼인 판사의 경우 봉급으로 충분히 품위 유지를 하고 넉넉히 저축까지 할 수 있는 정도인데다가, 일반 기업에 자리를 잡은 친구들과 비교해도 나 정도의 봉급을 받고 있는 경우도 많지 않으니 적다고 할 수는 없다.

그러나 경력이 쌓인다고 하여 보수가 획기적으로 인상되는 게 아니므로 자녀들이 성장하여 교육비 지출이 늘어나는 연배가 되면 경제적으로 고통 받는 법관들을 하나 둘 보기도 한다. 법관의 보수가 적다는 불평은 대개 이 정도 연배의 법관들에게서 나오는 것 같다. 그것을 비난할 수는 없다. 대개 교육을 많이 받은 사람들이라 법관은 자녀에 대한 교육열도 상대적으로 높은 편이다. 그래서 원래부터 집안이 넉넉지 않은 법관의 경우 봉급만으로 감당하기 어려운 교육비 때문에 법관을 사직하고 변호사의 길을 가기도 한다.

그러나 법관의 매력을 급료 한두 푼의 차이로 설명할 수는 없다. 경제적 어려움에도 불구하고 꿋꿋이 자리를 지키며 공정한 재판을 위해 헌신하는 훌륭한 선배 법관을, 나는 벌써 여럿 보았다.

긴 호흡으로 차근차근 준비하라

언제인가 대학 입학시험에서 전국 수석을 차지한 천재 소년이 최연소 판사가 되고 싶다는 포부를 밝혔다는 얘기를 들은 적이 있다. 나는 그것이야말로 부질없는 비전이라고 생각한다. '최연소 법관'이라는 타이틀이 개인에게 영광이 될지는 모르겠지만, 경험이 일천한 나이 어린 판사가 과연 훌륭한 재판을 할 수 있을지는 의문이다. 짧은 기간 안에 법률 서적을 달달 외우고 익혀 훌륭한 성적으로 판사 임용이 되었다고 해도, 나이를 먹으며 알게 되는 인생의 진리나 신비를 알기란 도저히 불가능하기 때문이다. 때때로 재판이란 이런 인생의 경륜을 펼치는 예술과 같다는 느낌이 든다. 나 같은 젊은 판사가 도저히 따라갈 수 없는 어떤 경지를 선배 법관들에게서 보기 때문이다.

법관이 되기 위해 성급할 필요는 없다. 법관이 되고 싶은 후배들에게 그저 긴 호흡으로 멀리 내다보며 차근차근 준비하라고 말하고 싶다. 평범하게 자기 몫을 해내는 법관이 되는 것만으로도 충분히 의미 있지만, 정말로 훌륭한 법관이 되기 위해서는 풍부한 독서와 사유로 내면세계를 가꾸고 인생에 대한 긴 안목을 키우는 것도 필요하다. 그리하여 한 사람의 인생에 대해서, 이 사회가 나아갈 길에 대해서, 큰 그림을 보고 세세한 부분까지 배려할 수 있는 지식과 경륜이 쌓이면 비로소 훌륭한 법관의 자질이 갖추어졌다고 말할 수 있을 것 같다.

훌륭한 법관이 되는 길은 멀고 험하지만, 그래도 한 번쯤 꿈꾸어도 좋을 만큼 보람과 기쁨이 있는 길이라는 걸 꼭 얘기해 주고 싶다.

02

돈 받을 게 있다고요?

| 이기리 |

1971년생. 서울대학교 공과대학(1995)과 동 대학원(1997)을 졸업하고 2000년 제42회 사법시험에 합격했다. 2003년 사법연수원(32기)을 수료하고 2년간의 예비 판사 기간을 거쳐 2005년 2월부터 서울중앙지방법원에서 민사합의부 판사로 근무하고 있다.

장면 1. **노련한 증인 신문**

나른한 오후, 서초동의 어느 민사 법정. 증인 신문이 있는 날이다. (증인 신문은 언제 끝날지 알 수 없으므로 오후에 한다. 간혹 퇴근 시간을 넘겨 재판하는 경우도 있으나 대개는 그 전에 끝난다.)

법정 안의 분위기는 팽팽하다. 원고가 청구하는 금액이 (상대적으로) 많지는 않지만, 원고와 피고는 얼마 전까지만 해도 친밀한 사이였는데 이제는 감정이 틀어질 대로 틀어졌고 그 주장도 정반대여서 둘 중 한 사람은 소위 말하는 '새빨간 거짓말'을 하고 있는 셈이다. 평소 원고와 피고가 친밀한 사이였기에 다른 사람들은 두 사람 간의 금전거래를 잘 알지 못해 지난 재판에서 이미 물어본 증인들은 별 도움이 되지 못했고, 결국 피고 측이 피고 자신을 신문대에 세우겠다고 한 날이다. 원고도 출석하기에 대질이 예상되기도 한다.

이윽고 피고 대리인(변호사)이 피고에게 묻기 시작한다. 당연히 피고에게 유리한 내용만 나온다. 변호사의 신문이 끝나자 노련한 재판장은 어느 쪽 말이 사실인지 밝힐 수 있는 단서가 될 만한 내용들을 몇 가지 묻는다. 그러다 증거 자료에 의해 확인 가능한 사항이 나오자 원고를 바로 신문대로 부른다.

"이게 사실인가요?"

증거 자료가 있기에 원고는 거짓말을 할 수가 없다.

"그렇습니다."

원고 자신은 이 대답의 의미를 잘 모르는 눈치였지만 원고를 제외한 법정의 나머지 사람들은 모두 원고가 거짓말을 해 왔다는 것을 알 수 있었다. 원고 대리인도 이미 사태를 파악하고 여태까지 기세등등하던 모습과는 달리 조정을 하자고 제안한다. 피고 측이 응할 리가 없다.

"2주 후에 판결을 선고하겠습니다."

2주 후, 원고 패소 판결이 선고되었다. (판결은 판결문을 작성하여 선고하고, 매주 재판 때마다 판결을 선고해야 할 사건들이 생기므로, 극히 예외적인 경우를 제외하고는 바로 선고할 수 없고 통상 2주 후로 선고 일자가 잡힌다.)

장면 2. **기술 설명회**

서초동의 어느 조정실. (조정실은 법정은 아니고, 준비 절차나 조정을 진행하는 회의실 비슷한 방이다.)

회사 간의 특허 침해 소송인데, 원고가 청구하는 금액이 어마어마할 뿐만 아니라 회사의 자존심도 걸려 있어 양쪽에서 총력전을 펴고 있는 사건이다. 특허 침해 소송은 기술적인 내용이 복잡하므로 특별히 기술 설명회라는 형식으로 양쪽의 프레젠테이션을 듣기도 하는데, 이 날이 바로 그런 프레젠테이션을 듣는 날이다.

양쪽 모두 국내 최고 로펌들이 대리하고 있다. 원고와 피고를 대리하는 변호사들이 각각 5명 이상 나온 것 같고, 회사에서도 여러 명의 담당자들이 출석했다. 또 양쪽 모두 유명 대학의 이공계 교수님도 모시고 나와 방 안에 30명은 넘게 있는 것 같다. (이를 예상해 제일 큰 조정실을 잡았다.) 원고와 피고 측이 치열하게 다투고 있어서 그런지 가을임에도 조정실의 분위기는 정말 열기로 후끈하다.

양쪽의 프레젠테이션이 진행되고, 보충 설명에 가벼운 설전까지 오간 끝에 "다음 기일은 ○월 ○일입니다. 그때까지 양쪽 모두 부족한 점들을 보완해 주세요."라는 재판장의 선언으로 여러 시간에 걸친 설명회가 끝났다. 기술 설명회는 끝났으나, 소송은 아직 갈 길이 멀다.

장면 3. **회심곡**

더위가 시작되는 6월의 어느 오후, 판사실. (부장판사가 된 이후부터는 혼자 사무실을 사용한다.) 어머니와 막내이자 유일한 아들인 원고들이 딸이자 누나들인 피고들을 상대로 몇 년 전 건너간 돈을 내놓으라는 사건의 조정 기일이다.

친척 간의 소송은 보통 조정이 되지 않는다고 한다. 오죽하면 친척 간에 소송까지 하게 되었겠는가. 그러나 재판장은 골육 간에 화해를 시켜야겠다고 마음먹는다. 판사실에 들어서면서도 원고와 피고들이 서로 욕설을 주고받기에, 보통의 방법으로는 되지 않겠다 싶어 국악 연주곡 2곡을 10여 분간 계속 들려준다. (물론 모든 판사실에 오디오 시설이 되어 있는 건 아니고 개인이 따로 오디오 시설을 하였기에 가능한 일이다.)

어머니가 먼저 눈을 감고 눈물을 흘리기 시작한다. 재판장은 10여 분간 남아 선호 사상, 대가족 제도에 대해 이야기한 후 다시 〈회심곡〉(효도 등을 강조하는 옛 노래로 김영임 명창이 부른 것이 유명하다. 가사는 인터넷에서 쉽게 찾을 수 있다. 독자들에게도 한번 들어 보기를 권한다.)을 들려주자, 아들과 딸들이 고개를 숙인다.

그날 쌍방은 합의하고 소송은 바로 종결되었다.

앞의 두 이야기는 내가 직접 본 재판 과정이고, 마지막 이야기는 부장판사님으로부터 들은 이야기이다.

민사합의부 판사는 무슨 일을 하는가*

민사 재판이란 대부분 돈, 부동산 등 재산을 달라는 소송이다. 이러한 소송에 대해 민사합의부 판사들은 원고가 주장하는 대로 피고가 돈을 줄 법적인 의무가 있는지를 판단하는 일을 한다.

구체적으로 어떤 일을 하는지 이해하기 위해서 민사 재판이 무엇인지를 잠시 살펴보자.

나는 민사 재판을 '가설 검증'이라 생각한다. 원고의 주장을 '가설'로 설정하고, 그것이 맞는지를 검증해 보는 것이다. 따라서 결론은 '가설이 맞다.'(원고 청구 인용), 아니면 '가설이 틀리다.'(원고 청구 기각), 아니면 '가설이 일부는 맞다.'(원고 청구 일부 인용)가 되는 것이다. 이러한 결론을 내리기 위해서는 판단을 할 수 있는 자료가 필요하다. 이러한 자료를 모으는 과정이 바로 재판이고, 모은 자료를 토대로 판단을 한 것이 바로 판결이다.

따라서 민사합의부 판사가 하는 일의 최종적인 목적은 바로 가설에 대한 판단, 즉 판결을 하는 것이다. 민사합의부 판사는 판결을 하기 위해 필요한 자료를 수집하고 자료 및 관련된 법률, 법 이론을 검토하며, 그 결과에 따라 판결문을 작성한다.

자료 수집에 있어 가장 중심이 되는 절차가 바로 소위 말하는 '재판'이다. 흔히 "재판 받으러 간다."고 할 때의 그 재판으로, 법률에서는 '기일'이라고 한다. 재판은 일주일에 한 번 하는 게 원칙이지만 요새는 일주일에 한 번만 재판하는 법원은 없다. 최소한 두 번은 하고, 일주일 내내 하는 재판부도 있다.

원고와 피고는 보통 재판 날 전에 준비 서면(주장을 적은 서면)과 증거 자료를 제출하지만, 민사소송법은 반드시 법정에서 재판을 열기를 요구하고 있다. 비효율적으로 보일 수도 있지만, 이것은 바로 공정,

---

* 이 내용은 민사합의부 판사들의 업무가 어떤 것인지 개인적으로 정리한 내용을 독자들이 이해하기 쉽게 단순화한 것이다. 따라서 오류가 있을 수 있고 단순화 과정에서 정확히 맞지 않는 내용이 있을 수 있다. 내용의 요지만을 이해하고 나머지는 버리시기 바란다. 물론 법원의 공식적인 견해와는 아무런 관련이 없다.

공평 등의 요구 때문이다. 원고와 피고 어느 쪽이든 상대방이 준비 서면에 어떤 내용을 적었고 어떤 증거 자료를 제출했는지를 알고 그에 대해 반박할 기회를 가질 수 있어야 한다는 것이다. 법정에 출석하여 상대방이 무엇을 법원에 제출했는지 확인하는 절차를 통해 이런 기회가 보장된다. (그 외에도 여러 가지 의미가 있다.)

증인 신문 역시 판단을 위해 자료를 수집하는 절차이다. 앞서 본 예에서 알 수 있듯이, 증인 신문을 하면 누구의 말이 사실인지 판단이 가능한 경우가 있다. (물론 증인 신문을 통해 누구의 말이 사실인지에 대한 자료만 수집하는 것은 아니다.)

표현이 좀 과격하지만 들은 그대로 옮기자면 "증인으로 나와서 거짓말하는 사람들은 때려죽여야 한다."는 말을 언젠가 들은 적이 있다. 그러나 때려죽일 필요는 없다. 판결문에서 "증인 ○○○의 증언은 믿기 어렵고"라고 배척하면 그만이다. (증인이 위증을 하면 위증죄로 처벌받기도 한다.) 안타까운 일이지만 거짓말을 하는 증인이 많기 때문에, 판사들도 이러한 사정을 고려해 증언을 듣는다.

누군가 내게 한 이야기가 생각난다.

"판사들은 일주일에 한 번만 재판하고 나머지 5일(2005년 7월부터 공무원의 주 5일 근무제가 시행되어 이제는 공식적으로는 4일이 되었지만)은 노니 좋겠다."

정말 그렇다면 얼마나 좋을까마는 실상은 그렇지 않다. 재판은 자료를 수집하는 절차일 뿐이다. 수집한 자료를 검토해야 결론을 내릴 수 있지 않겠는가. 요사이는 소송 기록(원고와 피고가 제출하는 자료들을 시간 순서대로 덧붙여 묶은 것을 '소송 기록', 줄여서 '기록'이라고 한다. 쉽게 말해 판단의 기초가 되는 자료를 모아 놓은 것이다.)이 두꺼

∷ 집무실에서 필자.

워져 수백 페이지, 혹은 수천 페이지에 이르는 경우가 허다해 이를 검토하는 데만도 시간이 많이 걸린다. ('12·12 사건'의 소송 기록은 무려 10만 페이지가 넘었다고 한다.)

마지막으로, 검토한 결과를 판결문으로 작성한다. 요즘은 많이 간이화되었다고는 하지만 판결문 작성은 여전히 판사의 일 중 가장 중요하고도 어려운 것이다. 단순히 생각하면 판결문은 검토한 결과를 옮겨 적은 것에 불과한 것 아닌가 여길 수도 있겠지만, 글을 써 본 사람이라면 누구나 알 수 있듯이 그게 그리 간단한 일은 아니다.

판결문을 쓰기 어려운 이유는 화려하고 멋있게 써야 하기 때문이 아니라 내용이나 형식의 면에서 오류 없이(판결문은 영구히 보존된다.), 논리적으로 설득력 있게 써야 하기 때문이다. 한마디로 꼼꼼해야 한다. 또 그러면서도 큰 틀에서 보는 시각을 놓쳐서는 안 된다.

판사가 되어 가장 먼저 숙달되어야 하는 일이 바로 판결문, 그 중에서도 민사 판결문을 쓰는 일이다. 그래서 판사가 되면 원칙적으로 가장 먼저 민사합의부 배석판사를 거치게 되며, 이 배석판사 시절을 얼마나 열심히 보내느냐가 참으로 중요한 것이다.

배석판사와 단독판사

배석판사 시절에는 원칙적으로 재판 진행은 하지 않고 기록을 검토하고 판결문을 쓰는 일을 주로 한다. 합의부는 부장판사인 재판장과 좌배석, 우배석으로 구성되는데(우배석이 더 높다.), 배당된 사건에 대해 좌·우배석이 절반씩 주심이 되어 주도적으로 검토를 하고, 재판장은 모든 사건을 검토한다.

소송 당사자가 더 이상 주장하거나 입증할 것이 없다고 하여 재판이 종결되면 선고 기일은 대개 2주 후로 지정된다. 그 사이 재판부가 돌아가면서 기록을 검토하고 결론에 대한 의견을 교환하는데, 이를 '합의한다.'고 한다. 의견이 일치되면 그것이 합의부의 결론이 되어 주심판사는 판결문 작성에 들어간다. 만약 의견이 일치하지 않으면, 각자 기록을 다시 검토하고 합의하는 과정을 반복하여 의견 일치에 이르도록 한다.

재판장과 배석판사 사이에 결론에 대한 의견이 일치하지 않는 경우, 사람들은 흔히 재판장은 부장판사이고 배석판사는 그보다 경력이 짧은 평판사이니 당연히 재판장의 의견대로 결론이 내려질 것이라고 짐작한다. 지방법원 부장판사가 되려면 최소한 15년의 경력이 필요하고, 고등법원 부장판사가 되려면 20년 이상의 경력이 필요하니 그렇게 생각하는 것도 무리는 아니다.

그러나 절대로 그렇지 않다. 서로 간과한 점을 지적하기도 하고, 어느 증거를 믿을 것인지 말 것인지, 학설이나 판례가 일치되어 있지 않은 이론에 대해서는 어느 것을 따라야 하는지 토론을 하기도 한다. 재판장이 간과한 것을 배석판사가 지적한다고 하여 기분 나빠하거나 무시하는 재판장은 없다. 나는 합의 과정이야말로 법원의 조직 문화가 가장 잘 드러나는 단면이라고 생각한다. 일반 조직의 상명하복과는 전혀 다른, 그야말로 대등한 입장에서 합의가 이루어진다고 자신 있게 말할 수 있다.

이렇듯 대등한 입장에서 치열한 토론을 거친 결과이기에 판결문의 결론이 올바른 것일 가능성이 매우 높아진다. 물론 여기서 '올바르다.'는 것은 법률적으로 올바르다는 뜻이다. 이해관계가 얽힌 당사자들은 자기가 이겨야 올바른 판결이라 하고, 반대의 경우는 아무리 법률적으로 올바르다 하더라도 수긍하지 않는 경향이 강하다.

배석판사를 몇 년 거친 후에는 단독판사로서 재판장을 맡게 된다. 지금은 원고가 청구하는 금액이 1억 원인 사건까지 단독판사가 재판을 한다. 단독판사는 1심에만 있고, 2심부터는 무조건 합의부에서 재판을 받는다.

단독판사가 되면 합의부 재판장과 배석판사가 하던 일을 모두 혼자서 한다. 기록 검토와 판결문 작성은 배석판사 시절 하던 일과 같지만, 판결문 작성 외에도 매일 매일 확인하고 결정해야 할 일이 많다. 재판의 절차적인 진행과 관련된 일, 예를 들면 접수된 소장이 법에 정해진 격식에 맞고 인지가 제대로 붙어 있는지, 여러 법원 중 우리 법원에 제대로 소장을 제출한 것인지, 한쪽에서 제출한 서류들을 상대방이 모두 잘 받았는지, 한쪽에서 검증·감정·증인 신청을 했는데 이것을 받아 주어야 하는지 아닌지(상대방의 이익도 고려해야 하기 때문에 불필요하거나 재판을 지연시키기 위한 증거 신청은 받아 줄 수 없다.) 등에 대해 확인하고 결정해야 하는 것이다. 게다가 일주일에 몇 차례 재판도 직접 진행해야 한다. 처음에는 적응하기가 힘들지만, 적응이 되면 그만큼 보람이 있다고들 한다. (나는 아직까지 단독판사로 근무해 본 경험이 없다.)

혼자 재판하고 판단하는 것이기에 그 결론에 대해서 우려하는 목소리가 간혹 들린다. 그러나 이미 배석판사로서 수년간 근무한 경험이 있고, 독단에 빠지는 것을 경계하여 단독판사들끼리 서로 활발하게 토론하며, 단독판사에게 배당되는 사건들은 합의부에서 담당하는 사건에 비해 상대적으로 덜 복잡한 경향이 있으므로 특별한 문제는 없다.

정확한 정보 수집으로 후회 없는 결정을!

현재 우리나라 법원의 정보화는 세계 최고 수준이다. 판결문 작성은 당연히 컴퓨터를 통해 이루어지고 있으며 법원 내부 포털 사이트가 있어 판결례, 법령, 문헌 등과 재판 진행에 대한 모든 자료를 제공받을 수 있다. 이러한 정보화는 판사의 업무 능률을 향상시키는 데 크게 도움이 되며, 앞으로도 지속적인 개발을 통해 더욱 발전된 형태로 진보할 것으로 예상된다.

그에 따라 판사의 업무 수행 형태도 달라질 것이다. 옛날에는 판사가 판결문을 손으로 쓰면 필경사가 먹지를 대고 철필로 판결문을 옮겨

썼지만 시간이 흐르면서 타자기로 바뀌었고, 현재는 모든 판사가 컴퓨터 워드프로세서를 사용하여 판결문을 작성하고 있다. 정보화를 통해 생각보다 가까운 미래에 여러 면에서 이와 비슷한 변화들이 일어날 것이다.

아직 진로를 결정하지 않은 독자들께 당부하고 싶은 것은 자신이 원하는 직종, 직역에 대한 정확한 정보를 얻고 그 정보를 바탕으로 후회하지 않을 결정을 해야 한다는 것이다. 또 요즘처럼 환경이 급격하게 변화하는 시대에 내가 지망하는 직종, 직역에 대한 새로운 정보를 꾸준히 확인하는 것이 좋다. 예를 들어 판사 임용만 해도 지금까지는 원칙적으로 그해에 사법연수원을 수료하는 사람들 중에서만 판사를 뽑았지만, 2006년부터는 사법연수원을 마치고 변호사 경력을 일정 기간 쌓은 사람들 중에서 판사를 뽑는 비율을 높여 궁극적으로 50퍼센트를 변호사 중에서 뽑을 예정이다.

이 글이 여러분의 결정에 조금이나마 도움이 되기를 바라고, 또 여러분 모두 원하는 바를 성취하기를 기원한다.

3장

다양한 검사의 세계

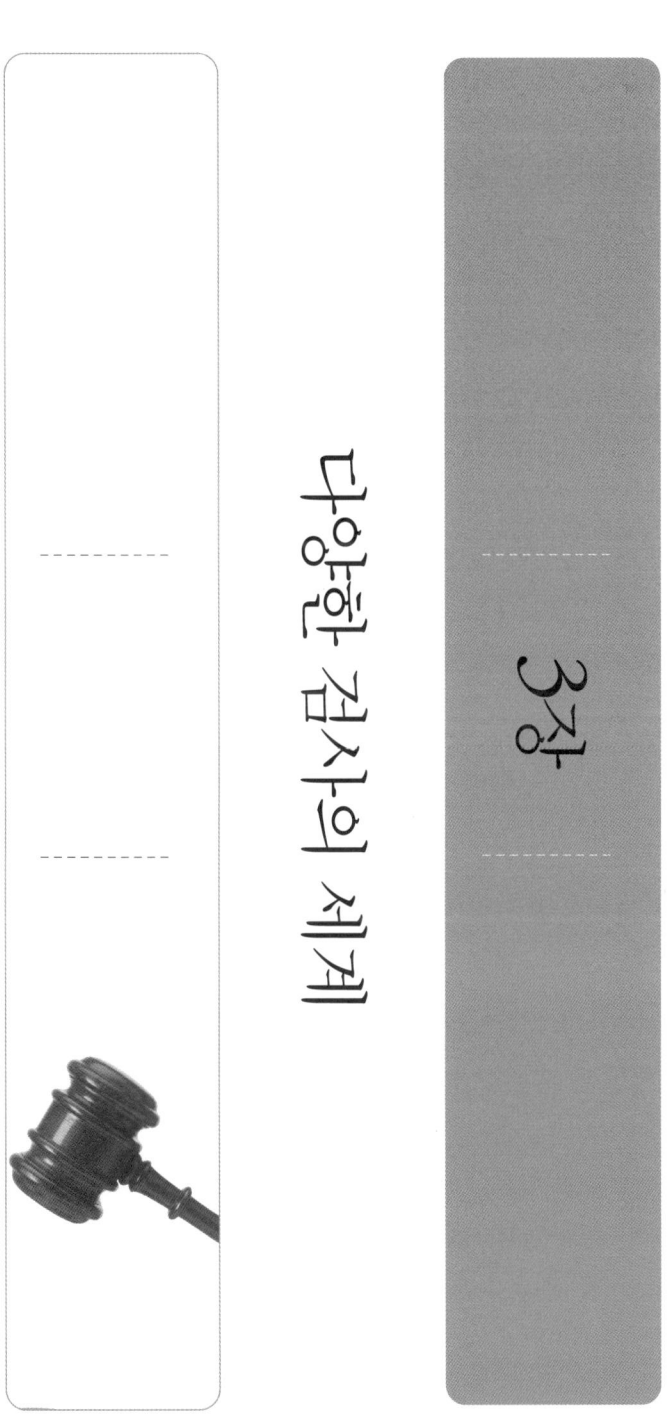

01   형사부

'명예'를 먹고 사는
고독한 존재

| 임수빈 |

1961년생. 1984년 서울대학교 법학과를 졸업하고 1987년 제29회 사법시험에 합격했다. 1990년 서울지방검찰청 검사로 부임한 이래 법무부 검찰1과 검사, 속초지청장, 부산지방검찰청 형사4부 부장검사 등을 거쳐 현재 대검찰청 공안2과 과장으로 재직하고 있다.

그날따라 날씨도 흐렸다. 사형이 집행될 예정인 서울구치소 안은 쥐 죽은 듯이 조용했다. 당시 나는 사법연수생 2년차로 서울지방검찰청(현 서울중앙지방검찰청)에서 검사직무대리로 수습 중이었다. 법무부 장관의 명령에 따라 그날 전국 교도소에서 10여 명의 사형수에 대해 사형을 일괄 집행하기로 계획되어 있었고, 나는 동료 연수생들과 함께 서울구치소에서 집행 예정인 5명의 사형수에 대한 사형 집행을 참관하게 되었다.

교도소 측에서는 사형이 집행될 것이라는 사실을 일체 비밀에 부친다. 사전에 알면 수감 중인 죄수들이 무슨 일을 저지를지 모르기 때문이라고 한다. 사형 집행은 교수형으로 행해지는데, 마찬가지 이유로 교수대 사전 확인 작업은 역시 죄수들이 모두 잠든 밤 12시가 넘어 이루

어진다. 다만 사형 집행 당일 아침이면 분위기가 확 달라진다. 갑자기 죄수들의 아침 운동 시간이 없어지고 면회도 일체 금지된다. 교도소 안에 있는 모든 죄수들이 뭔지 모를 공포감에 휩싸이는 것도 어찌 보면 당연하다.

저 멀리 들려오는 "쿵쾅쿵쾅" 발자국 소리가 사형 집행장의 고요를 깨뜨렸다. 감방에서 사형 집행장으로 1명의 사형수를 데리고 오는 데 20명 남짓한 교도관이 동원되었다. 자신에 대한 사형이 집행된다는 것을 알게 된 죄수의 저항이 워낙 거세어, 교도관 몇 명으로는 도저히 감당할 수 없기 때문이란다.

교수대로 끌려온 사형수. 교도소장은 우선 본인이 맞는지 확인한 다음 그가 행한 범죄 사실을 읽어 준다. 또 사형수가 마지막으로 하고 싶은 말을 마음껏 할 수 있게 해 준다. 원할 경우 종교 의식도 행하여 준다. 그 직후 집행이 이루어진다.

그날 5명의 사형수에 대해 똑같은 절차로 사형이 집행되었다. 물론 나도 인간인 이상 그들에 대하여 측은한 마음을 금할 수가 없었다. 그렇지만 그들이 행한 범죄 사실은 이미 인간이기를 포기한 것이었다. 강남의 한 술집에서 반대편 조직 폭력배들을 상대로 일본도(日本刀)를 마구 휘둘러 수 명을 무참히 살해한 속칭 '서진 룸살롱 사건'의 피고인, 지방의 한 도시에서 다방을 주 무대로 하여 10여 회에 걸쳐 강도·강간·살인을 했던 피고인을 보면서, 나는 그들에 대한 사형 판결이 확정된 것을 당연하게 여겼다. 오히려 그들에 대한 사형 집행이 너무 지체된 것은 아닌가 싶었다. 그리고 나도 모르게 악(惡)과 싸워 이 사회를 지켜야겠다는 정의감이 불타올랐다.

최근 사형 제도의 유지 여부를 두고 논란이 많다. 존치론이건 폐지론이건 모두 일리가 있다. 다만 나는 이렇게 생각한다. 국가라는 체제가 확립되면서 '사적 보복'(개인적으로 복수하는 것)이 금지되고, 대신 '공적 응징'(국가가 가해자를 대신 처벌하는 것)으로 대체되었다. 형벌의 기능이 다양하기는 하지만 그 유래가 사적 보복을 대체하는 것에서 비롯된 이상, 근본적으로 피해자의 복수 감정을 어느 정도 보상할 수 있을 정도는 되어야 할 것이다. 만약 그렇지 못하면 불만을 느낀 피해자는 개인적으로 보복을 하게 될 것이고, 그럴 경우 국가는 자기 기능을 제대로 수행하지 못하게 될 것이다. 범죄가 날로 흉포화되고 있는 지금, 만약 내 가족이 내 눈앞에서 무참히 피해를 당한다면 그때도 의연하게 사형 제도를 없애라고 주장할 수 있을까? 사회 현실에 대처함에 있어 이성도 중요하지만 감정도 무시해선 안 된다고 생각한다.

검사는 밥상을 차리는 사람

사법연수생 시절을 마치고 나는 검사 직을 선택했다. 물론 판사 임관을 생각해 보지 않았던 것은 아니다. 그렇지만 6개월에 걸친 판사시보 수습 생활을 통해 경험한(당시 나는 판사시보 6개월, 검사시보 4개월의 수습 기간을 거쳤다.) 판사로서의 생활이 내게는 너무나 따분하게만 느껴졌다.

판사도 아닌 내가 겨우 6개월에 걸친 판사시보 수습 기간에 느낀 점만으로 이렇게 이야기하는 것이 좀 외람되지만, 판사들은 재판이 없는 날에는 사무실에서 거의 한마디 대화도 안 하고 기록만 보면서 일을 한다. 재판을 할 때에도 배석판사들은 거의 말할 기회가 없다. 재판장이라고 해서 말을 많이 하는 것도 아니다. 소심한 성격의 내가 판사가 된다면 성격이 더욱 소극적으로 될까 봐 염려스러웠다.

반면 검사는 매우 활동적이다. 매일 매일 수많은 사람들과 부딪치면서 치열하게 생활한다. 적극적이고 활발한 생활을 영위하기에는 검사 직이 더 잘 어울린다고 판단했다.

검사와 판사는 이렇게 비교되기도 한다. "검사는 밥상에 반찬을 차리는 사람이고, 판사는 차려진 밥상에서 반찬을 골라 먹는 사람"이라고. 어느 분야가 적성에 맞는지 결정하는 것은 자신의 몫이다. 나는 아직까지 검사 직을 선택한 것에 대하여 후회 없이 만족하며 살고 있다.

검사시보 시절 처음 만난 구속 피의자는 속칭 '도둑놈'이었다. 그때까지 나는 절도범을 눈앞에서 직접 본 적이 한 번도 없어 매우 긴장했다. 전과도 많았던 그 도둑놈은 내가 시보라는 사실을 알자마자 나를 갖고 놀았고, 나는 땀을 뻘뻘 흘리며 조서를 작성하느라 애를 먹었다.

피의자는 남의 집에 들어가 물건을 훔쳤다고 말했다가, 자기 집인 줄 알고 그냥 잠을 자러 잘못 들어간 것뿐이라고 변명하는 등 수시로 말을 바꿨다. 참여계장(검사의 업무를 보조하는 검찰청 일반직 공무원)의 적절한 훈수가 없었더라면 나는 하루 종일 진땀을 흘렸을 것이다. 사실 내가 애를 먹은 것은 그 도둑놈 때문이 아니었다. 진짜 이유는 바로 내가 그 도둑놈에게 겁을 집어먹고 있었기 때문이다.

많은 사람들은 검사에 대한 환상을 가지고 있다. 검사라면 아무리 흉악범이라 할지라도 능수능란하게 다룰 줄 안다고 생각한다. 그러나 검사 역시 다른 사람과 똑같은 인간일 뿐이다. 검사가 되기 전이나 검사가 되고 난 후나 살인범이나 조직 폭력배 등을 대할 때 무서움을 느끼는 건 마찬가지다. 곱게 자라 남들보다 공부 좀 잘해서 사법시험에 합격하고 검사가 된 것일 뿐, 다른 사람들보다 험하게 살아온 것도 아니고 또 성격이 유달리 거친 것도 아니지 않은가.

검사는 별종(別種)의 인간인가?

나는 살인 사건 전담 검사를 한 적이 있다. 살인은 인류 역사가 시작된 이래 가장 오래된 범죄이자 가장 흉악한 범죄다. 살인 사건이 발생하면 담당 검사는 경찰의 초동(初動) 수사부터 진두지휘한다. 현장에 나가 현장 확인을 하고, 범인을 잡기 위해 경찰과 함께 동분서주하기도 하며, 경찰과 함께 암매장된 시체를 발굴하기도 한다.

살인 사건에서 시체 부검(사체를 해부하여 사망 원인 등을 조사하는 것)은 필수적이다. 사망 원인을 정확히 규명해야만 사건을 제대로 처리할 수 있기 때문이다. 나를 포함해서 거의 모든 검사는 검사가 되기 전에는 부검은커녕 시체를 본 적도 없는 경우가 대부분이다. 의대를 졸업한 것도 아니니 시체를 해부하는 것을 보았을 리 없다. 검사라고 해서 다른 사람들과는 달리 시체를 해부하는 것을 흔쾌한 마음으로 지켜볼 까닭도 없다. 직업이기에, 검사로서 마땅히 해야만 하는 직무이기에, 부검의(剖檢醫)와 함께 시체를 해부하며 사망 원인을 찾으려고 애쓰는 것이다.

언젠가 내연 관계에 있는 여자를 공기총으로 쏘아 살해한 사건을 담당한 적이 있다. 당시 살인범은 공기총을 세 발 쏘아 살해했다고 진술했다. 피해자의 몸을 부검하고 공기총 탄환을 찾았다. 두 발의 탄환은 쉽게 찾았지만 마지막 한 발은 도무지 찾기가 어려웠다. 그러나 피해자의 시신에서 공기총 탄환 세 발을 모두 찾아야만 했다. 왜냐하면 이는 "피해자에게 공기총을 세 발 발사하여 살해하였다."는 살인범의 진술에 대한 신빙성을 담보할 수 있는 매우 중요한 증거였기 때문이다.

공교롭게도 그날은 12월 31일, 종무식을 하는 날이었다. 아침 10시부터 시작된 부검은 점심 식사도 거른 채 계속되었다. 결국 시체를 낱낱이(!) 해부한 끝에 마지막 세 번째 탄환을 찾았다. 나와 담당 부검의는 세 번째 탄환을 집어 들고 마치 신대륙을 발견한 양 서로 윙크를 보냈다. 우리는 그날 점심도 못 먹고 종무식에도 참석하지 못한 채 그해를 마쳤다.

검사들 사이에는 부검과 관련된 징크스가 있다. 부검을 한 날에는 밤 12시가 넘어 귀가해야 한다는 게 그것이다. 밤 12시 이전에 집에 들어가면 억울하게 죽은 원혼이 집으로 따라 들어온다는 게 이유다. 물론 미신이다. 그렇지만 이런 징크스가 생겨난 데에는 다 이유가 있다. 부검을 하면 그 끔찍한 모습 때문에 술에 취하고 싶어진다. 그러니 이 징크스는 검사로 하여금 편안한 마음으로 술 한잔 하고 귀가할 수 있게 해 주는, 아주 적절한 핑곗거리인 셈이다.

TV 드라마에서는 '남을 처벌하는 것을 마냥 좋아하는 사람'처럼 검사가 묘사된다. 마치 사디스트(sadist) 같다. 그러나 실상은 그렇지 않다. 검사도 눈물이 있다. 사회 정의를 위해 죄인을 처벌하기도 하지만 마음까지 편한 것은 아니다. 어떤 사람을 구속하게 되면 그의 가족, 친가, 처가, 그리고 친구들을 포함해 수십 명의 가슴에 못 박게 된다는 것을 잘 알고 있다. 구속되는 남편 때문에 눈물을 흘리는 아낙네의 모습을 지켜보면서 검사들도 가슴속으로 눈물을 흘린다. 하지만 어쩔 수 없지 않은가. 이런 날도 검사는 술 한잔 하게 된다.

술 이야기가 나와서 하는 말이지만 세간에서는 검사 하면 '폭탄주'를 떠올린다고 한다. 물론 폭탄주에는 나쁜 점이 많이 있다. 그래서 최근에는 검사들도 많이 자제하고 있다. 그렇지만 거의 매일 야근을 하는 검사들이 어쩌다 한 번 술에 취하고 싶을 때 폭탄주를 마시면 속 시원하게 취하는 묘한 매력이 있다. 험한 일을 하다 보니 술도 전투적으로 마시게 되는 것뿐이다. 그래서 검찰에서 폭탄주를 영원히 추방하기란 어려울 거라는 생각이 든다.

검사는 전혀 다른 별종(別種)의 인간이 아니다. 우리 주변에서 함께 생활하는 그렇고 그런 이웃일 뿐이다. 그저 하는 일이 다른 직업인들과는 좀 다른 것뿐이다.

사건을 통해 서민의 애환을 보다

검찰에는 여러 부서가 있지만 크게 보면 특수부, 공안부, 그리고 형사부가 있다. 특수부는 고위 공직자의 뇌물 사건이나 대형 경제 사범 등을 다루고, 공안부는 간첩 사건, 노동 사건, 그리고 선거 사범 등을 다루며, 형사부는 일반 형사 사건을 취급한다. 특수부와 공안부가 전문 상가라면, 형사부는 종합 시장인 셈이다.

형사부 검사들은 보통의 사람들이 일상생활에서 겪게 되는 통상의 범죄를 다룬다. 절도, 폭력, 교통사고 등을 비롯해 사기, 횡령 등의 재산 범죄도 취급한다. 대부분의 경우 경찰에서 일차적으로 수사하여 사건을 검찰로 송치하면 검사는 사건을 다시 검토하고 필요한 경우 보완 수사를 한 다음 결정을 내리게 된다.

이러한 일상의 범죄를 처리하면서 검사들은 서민의 애환을 몸으로 느낀다. 경기가 좋지 않을 때에는 수표 부도 사건이 급증한다. 살기 어려워 감정이 팍팍해진 서민들은 술 한잔 마시고 별것 아닌 일로 싸움도 많이 한다. 없는 살림에 돈을 떼어먹혔다고 고소하는 경우도 많아진다. 단순한 민사 사안에 불과하고 사기죄에는 해당하지 않아 '혐의 없음' 처분을 하면 고소인이 검사를 찾아와 거칠게 항의하는 경우도 자주 있다. 어떤 때에는 소설보다 더 소설 같은 사건을 접하면서 "사람이 정말 이럴 수도 있는 거구나." 하며 고개를 절레절레 흔들기도 한다. 그래서 검사 생활을 오래 하면 소설을 별로 좋아하지 않게 된다고 한다.

하나하나의 사건마다 피해자든 가해자든 당사자들은 하고 싶은 말이 많을 것이다. 검사들은 그런 이야기를 모두 경청하려고 노력한다. 그러나 한 달에 250~300건에 달하는 사건을 처리하다 보면 사건 관계인이 느끼기에 만족스럽지 못한 경우도 없지 않을 것이다. 검사가 보기에는 사소한 사건이라 할지라도 당사자의 입장에서는 큰 사건임을 잘 알고 있기 때문에, 검사들은 모든 사건을 올바르게 처리하고자 최선을 다한다.

형사부 검사의 하루는 숨 가쁘다. 출근하자마자 자신에게 배당된 사건 기록을 검토하기 시작한다. 필요한 부분은 보완 수사를 하고 사건에 대한 결정문도 작성한다. 오후에는 구속 사건이 배당되어 구속 피의자를 조사한다. 또 경찰에서 건의한 사건을 검토한 후 적절하게 경찰을 지휘한다. 수상한 시체가 발견되면 직접 나가 확인도 한다. 그러다 보면 하루가 무섭게 지나간다. 퇴근 시간이 되어도 할 일은 아직 태산같이 남아 있다. 할 수 없다. 오늘도 야근이다. 구내 식당에서 저녁 식사를 하고 또다시 일에 파묻힌다. 형사부 검사들에게 있어 야근은 어제도

:: 속초지청장으로 근무할 당시의 필자.

했고 오늘도 하고 내일도 해야 하는 자연스러운 생활의 한 부분이 된 지 오래다.

검사로 임관되기 한 달 전, 나는 첫째 아들을 얻었다. 모처럼 쉬는 일요일, 아들을 안아 주려고 하면 아들은 빽빽 울기만 했다. 검사가 된 후 거의 매일을 밤 11시가 넘어 귀가하고 아침 일찍 출근하다 보니 아들을 접할 시간이 절대적으로 적었기 때문이다. 아들 입장에서는 내가 낯선 사람이었을 것이다. 아들에게 아빠의 존재를 인식시키기 위해서는 여름 휴가까지 기다려야만 했다.

야근을 밥 먹듯 하다 보니 검사는 결코 '좋은 남편, 좋은 아빠'일 수 없다. 한마디로 얼굴도 보기 힘들고 어쩌다 얼굴을 보더라도 일에 찌들어 파김치가 되어 버린 상태이니, 나들이는커녕 가족 동반 외출도 하기 어렵다. 대부분의 검사 가족들은 어쩔 수 없다며 아예 체념하고 산다.

검사는 인사 이동이 잦다. 평검사 때에는 평균 2년마다, 부장 이상이 되면 1년마다 임지를 옮긴다. '경향(京鄕) 교류의 인사 원칙'에 따라 수도권과 지방을 매번 오간다. 이사를 자주 다니다 보니 장롱 같은 가구가 성할 리 없다. 그나마 젊을 때에는 가족들이 함께 이사를 가지만, 애들이 커서 고등학생 정도가 되면 학교 문제 때문에 혼자 지방으로 간다. 지방에서 근무하면 관사가 제공된다. (현재 지방에서 근무하는 검사 중 약 90퍼센트 정도가 관사를 지급받고 있다.)

관사가 제공된다고 해서 모든 문제가 해결되는 건 아니다. 집이라고 다 집인가. 밤늦게 퇴근해 아무도 없는 빈집에 혼자 들어가는 게 마음 내키는 일은 아니다. 식사도 큰 문제다. 점심이야 일하면서 동료들과 함께 먹는다 하더라도 저녁은 때론 혼자 먹어야 한다. 혼자 밥 먹다 보면 처량한 마음에 체하기도 한다. 주말이 되어야 겨우 가족을 볼 수 있다. 반갑기 그지없다. 그러나 가족들과 떨어져 살다 보니 가족들의 대화 내용을 쫓아갈 수 없는, 어쩔 수 없는 소외감을 맛볼 때도 있다.

검사는 무엇으로 사는가

요즘 검사가 주인공인 영화가 많이 만들어져 극장가에서 화제가 되고 있다. 영화 속의 검사는 멋지고 화려하다. 하지만 실제 검사는 화려한 직업이 아니다. 고되고 힘든 직업일 뿐이다.

그렇다면 전국 1500여 명 검사들은 무엇 때문에 야근도 마다하지 않고 정열을 쏟으며 열심히 일하고 있을까?

우리 검사들은 '대한민국 검사'라는 말을 곧잘 쓴다. 물론 그 단어 앞부분에는 '자랑스러운'이라는 수식어가 함축되어 있다. 그렇다. 우리 검사들은 '자랑스러운 대한민국 검사'들인 것이다.

이렇게 말하는 것은 결코 속물 근성에서 잘난 척하자는 게 아니다. 검사는 어려운 시험을 통과하고 능력과 인품이 검증된 사람 중에서 선발된다. 선거를 통해 당선되는 것은 아니지만, 합리적 검증을 통해 검사로 임관되는 이상 검사 역시 또 다른 의미의 민주적 정통성을 부여받고 있다고 생각한다. 또 우리 검사들은 우리가 담당하고 있는 직무가 얼마나 중요한지 잘 알고 있다. 우리는 국민의 소중한 생명과 신체, 재산과 관련된 사건을 다룬다. 한 사람 한 사람이 우주보다 더한 가치를 지니고 있을진대, 한 인간의 일생을 좌우할 수 있는 형사 사건을 처리하는 것이 어찌 중요하지 않을 수 있겠는가?

나아가 검사들은 항상 '옳은 것'을 추구한다. 틀린 것은 "틀리다."고 하고 맞는 것은 "맞다."고 한다. 100퍼센트 완전무결할 수는 없겠지만, 적어도 정의를 추구하고자 밤낮을 가리지 않고 노력하고 있다.

이러한 소중한 직무가 부여된 것을 천명(天命)으로 알고 사건 하나하나에 최선을 다하며 정열을 불태우는 데서 검사들은 자부심을 느낀다. 아무도 알아주지 않아도, 설사 우리를 욕할지라도, 검사들은 "내가 아니면 누가 이 사회의 법과 정의를 지킬 수 있겠느냐."는 신성한 사명감으로 묵묵히 최선을 다해 일해 왔고, 앞으로도 계속 그렇게 일할 것이다.

검사들은 밥을 먹고 사는 것이 아니다. 검사는 '명예'를 먹고 사는 고독한 존재이다.

부장검사가 되었건만 아직도 나는 한 달에 열흘 이상은 밤 11시가 넘어서 퇴근한다. 왜냐구? 나도 '대한민국 검사'니까.

사이버 세상의 수호자, 사이버 검사

| 구태언 |

1969년생. 1991년 고려대학교 법학과를 졸업했다. 1992년 제34회 사법시험에 합격했으며 1995년 사법연수원(24기)을 수료했다. 인천지검 검사를 거쳐 2002년부터 2005년까지 서울중앙지검 컴퓨터수사부 및 첨단범죄수사부 검사로 일했으며 2005년 '철도청 유전 개발 의혹 사건' 특별검사팀에 파견되었다. 현재는 '김앤장' 법률사무소에서 IT 전문 변호사로 활동하고 있다.

1990년대 후반부터 보급되기 시작한 인터넷을 이제는 전 가구의 90퍼센트가 이용하고 있다. 국민들은 초고속 인터넷 망을 이용해 정치, 경제, 사회, 문화, 금융 활동을 영위하고 있으며 인터넷을 주된 활동 공간으로 삼는 기업도 점차 늘어나고 있다. 한마디로 우리 일상생활에서 네트워킹(Networking)이 차지하는 비중은 날로 높아지고 있는 것이다.

이런 변화에 따라 컴퓨터 범죄의 의미도 점차 확대·재편되고 있다. 지식 정보화 사회의 범죄가 기존의 범죄에 비해 진화하고 있기 때문이다. 예전에는 소수의 컴퓨터 전문가들이 행하는 범죄라는 제한된 범위의 의미였지만 이제는 인터넷을 사용하는 누구나 행할 수 있는 범죄가 된 것이다. 학술적으로는 전자 상거래 사기 등 컴퓨터를 수단으로 하는 범죄와 컴퓨터 자체에 대한 공격 등 컴퓨터를 목적으로 하는 범죄로 대별할 수 있지만, 실제로는 사이버 공간에서 행해지는 범죄라는 뜻의 사이버 범죄(인터넷 범죄), 혹은 첨단 기술이 사용된다는 의미의 하이테크 범죄(첨단 범죄)라는 분류가 더 일반화되고 있다.

또 명예 훼손, 협박, 공갈, 자살 방조 등이 인터넷상에서 행해지면서 광역성, 신속성, 반복성이라는 인터넷의 특성에 힘입어 과거와는 비교가 되지 않을 만큼 큰 피해(인터넷 마녀 사냥 혹은 인터넷 왕따)를 야기하고 있다. 최근 정부가 사이버 명예 훼손, 모욕과 같은 사이버 폭력을 4대 폭력 중 하나로 규정하고 적극적인 단속에 나서고 있는 것도 이 때문이다. 개인 신상에 관한 데이터베이스(DB)가 종횡으로 연결되고 저장·관리되며 이를 기반으로 마케팅이나 고객 서비스 등에 활용하는 기업이 급속도로 늘어나는 것도 새로운 고민거리를 안겨 주고 있다. 때문에 국회에서도 개인 정보 보호 문제의 심각성을 인식하고 이를 전담하는 국가 기구와 제도를 마련하기 위해 논의 중이다.

〈마이너리티 리포트(*Minority Report*)〉라는 영화에는 거리 곳곳에 설치된 홍채 인식 장비가 사람을 순간적으로 인식하여 그에게 맞는 광고 화면을 그 사람에게만 내보내는 표적 마케팅 장면이 나온다. 개인의 소비 성향, 취미, 습관, 직업 등 고도로 집적화된 데이터베이스를 구축하고 이를 비즈니스에 활용하는 것이다. 이 광고 시스템은 주인공 톰 크루즈가 쫓기는 몸이 되자 순식간에 개인 추적 시스템으로 전환된다. 톰 크루즈는 안구를 교체하지 않고서는 한 발짝도 움직일 수 없는 상황에 처한다. 실제로 어느 범죄 집단이 이런 데이터베이스를 입수하여 범죄에 활용한다고 생각해 보라. 상상만 해도 끔찍하다.

전통적 기법과 수단을 이용해 행해져 오던 금융 범죄, 조직 폭력 범

:: 2005년 6월 서울에서 열린 'APEC 사이버 범죄 전문가 회의'에 참석한 필자. (사진 왼쪽)

죄, 기업 회계 범죄, 심지어 마약 범죄까지도 정보 통신망과 컴퓨터 범죄 기법을 수단으로 활용하는 등 소위 범죄 간 융합 현상이 나타나고 있는 점도 주목할 만하다.

나는 2005년 4월 태국 방콕에서 열린 유엔범죄총회(UN Crime Congress)에 한국 대표단 일원으로 참석해 사이버 범죄 워크숍에서 발표를 한 적이 있다. 당시 경제 범죄에 관한 워크숍도 함께 열렸는데, 여기에서도 사이버 범죄 수법을 이용한 금융 범죄를 고민하고 있었다.

인터넷 뱅킹 서비스를 해킹하여 타인의 예금을 인출하는 범죄가 국내에서 발생한 것에서도 알 수 있듯이 금융 범죄가 곧 컴퓨터 범죄인 시대이다. 또한 제3국의 폭력 조직이 일급 해커를 고용하여 트로이 목마 프로그램 등 악성 프로그램을 제작해 인터넷을 통해 배포하여 주요국 정부와 기업의 고급 정보를 훔쳐 내고, 이런 정보를 이용하여 금융 시장 교란 등을 통해 경제적 이익을 취하고 있다고 한다. 컴퓨터 범죄와 조직 범죄, 금융 범죄가 결합된 적절한 사례인 셈이다.

인터넷상의 범죄에는 국경이 따로 없다는 것도 새로운 문제를 던져 주고 있다. 외국의 인터넷 쇼핑몰에서 물품을 구입하면 집까지 배달해 줄 정도로 국제 간 전자 상거래가 발달하면서 이를 이용한 범죄도 증가할 것으로 예상된다.

나는 인터넷 뱅킹 고객을 대상으로 금융 기관인 것처럼 속이는 홈페이지를 만들고 그 홈페이지에 접속하도록 유도해 인터넷 뱅킹 접속 비밀번호를 알아낸 후 예금을 탈취하는 피싱(Phishing) 범죄를 수사한 적이 있다. 로그 기록상 범인들은 미국에서 접속한 것처럼 보였으나 미국 연방 법무부와의 수사 공조 결과 공조 수사를 할 수 없는 제3국에서 접속한 것으로 확인되어 수사를 더 이상 진행하지 못했다.

이 사건에서도 알 수 있듯이 네트워크상의 범죄에 효과적으로 대응하기 위해서는 국가 간 수사 공조 체제의 구축에 관한 국제 협약 체결, 후진국의 컴퓨터 범죄 관련 법제의 선진화 같은 문제를 함께 해결해야 한다.

사이버 검사는 무슨 일을 하는가

요즘 유행하는 아파트 광고에는 홈 오토메이션 혹은 홈 네트워킹을 강조하는 내용이 많다. 자신의 휴대전화로 집 전등을 켜고 보일러를 가동시키고 가스를 켜서 음식을 조리할 수 있는 세상을 보여 주는 것이다. 물론 매우 편리하다. 그러나 만약 범죄자가 자신의 휴대전화를 해킹하여 비밀번호를 알아낸다고 가정해 보자. 집 안에 있는 가전제품을 모두 켜서 과열시키고 보안 시스템을 해제하고 화재를 발생시킨다면? 지식 정보화 사회에서 네트워크 범죄는 이처럼 큰 재앙을 가져올 수 있다. 모든 분야의 사회 기반 시설이 고도로 정보화·자동화되고 이러한 물적 기반을 토대로 생산·유통되는 지식 정보가 부가 가치를 창출하는 지식 정보화 사회에서는 컴퓨터 범죄가 그 사회의 기반 시설을 송두리째 마비시키는 것도 가능하다.

현재 대검찰청 산하 각급 검찰청에는 컴퓨터 범죄를 전담하는 검사가 배치되어 있다. 대검찰청 중앙수사부 산하 첨단범죄수사과와 서울중앙지검 첨단범죄수사부는 컴퓨터 범죄를 포함한 첨단 범죄를 전문적으로 수사하는 부서이다. 대검찰청 첨단범죄수사과는 전국 검찰청의 첨단 범죄 수사를 지도하는 역할을 하고, 서울중앙지검 첨단범죄수사부는 부장검사 1인, 검사 4~5인이 배치되어 첨단 범죄를 직접 수사하는 역할을 하고 있다. 편의상 첨단범죄수사부 검사들을 사이버 검사라고 부르기로 하자. 사이버 검사들에게는 수사관들이 배치되어 있다. 수사관들은 검사의 손발이 되어 수사 업무를 직접 수행한다.

사이버 검사들은 경찰 사이버범죄수사대의 수사를 지휘하고, 경찰이 수사를 완료하여 송치한 사이버 범죄 사건을 검토해 보완 수사 여부 및 기소 여부를 결정한다. 이 과정에서 새로운 컴퓨터 범죄 현상에 대해 어떠한 법률을 적용할지 검토하고 연구한다. 첨단 범죄에 대해 적용할 법률이 미처 제·개정되지 않은 경우가 비일비재한 것도 이 분야의 수사에서 특이한 현상이다. 새로운 범죄 현상을 예상한 법률이 존재하지 않는다 해도 가장 근사한 처벌 법규에 대한 합목적적 해석을 시도하고 법원의 판단을 받기 위해 과감히 기소하는 경우도 많다.

사이버 검사들이 다루는 사건에는 전산망 침해 행위(해킹), 바이러스 같은 악성 프로그램 유포 행위 등 고유한 의미의 컴퓨터 범죄뿐 아니라 도박 및 음란 사이트 개설 같은 불건전 정보 유포 행위, 인터넷상

명예 훼손 같은 사이버 폭력 행위 등 전통적 범죄가 사이버 범죄화한 것도 포함된다. 최근 우리나라 기술력이 세계 최고 수준이 되면서 빈발하고 있는 영업 비밀 침해 행위(첨단 기술 유출 범죄) 또한 중점적으로 다루고 있다.

범죄 수사에 있어 가장 중요한 것은 역시 범죄의 증거를 확보하는 것이다. 사이버 범죄의 증거들은 대개 디지털 증거인 경우가 많으므로 각종 정보 통신망, 정보 통신 기기, 컴퓨터, 개인 휴대용 정보 단말기(PDA) 등 휴대용 디지털 장비 등에 대해 자료 조회, 압수 수색, 현장 수사 등을 실시해 범죄 혐의를 판단하는 데 필요 충분한 증거를 확보한다. 당연히 디지털 증거를 취득할 수 있는 각종 매체에 대한 상세한 지식이 있어야 하고, 취득한 디지털 증거를 제대로 분석할 수 있는 컴퓨터 포렌식(Computer Forensics 또는 Digital Forensics)에 대한 지식도 필수다.

컴퓨터 범죄 사건을 재판하는 과정에서 전문가인 피고인들과 비전문가인 재판 관계인들의 다툼이 생기기도 한다. 대개 컴퓨터 범죄자들은 해당 분야에 관한 전문가인 경우가 많고, 사건을 다루는 검사, 판사, 변호사들은 그렇지 못한 경우가 많기 때문이다.

훌륭한 사이버 검사가 되기 위해서는 지식 정보화 사회의 각종 문명 현상에 대한 깊은 통찰력과 정보 통신에 대한 이해가 필요하며 이와 관련된 법률에 대한 해박한 지식을 보유하고 있어야 한다. 또한 당연한 말이지만 기본적으로 범죄 수사를 효율적으로 전개할 수 있는 능력 있는 수사 검사로서의 역량도 필요하다.

얼리 어답터 기질이 도움 되기도

나는 1995년 송무 담당 공익법무관으로 검찰 근무를 시작해 1996년 송무 업무의 정보화를 담당했다. 검사가 된 이후 4년간 일반 범죄 수사를 맡으면서 기본적인 범죄 수사 능력을 배양했다. 2002년부터는 인지부서(검사가 범죄의 단서를 포착해서 직접 수사하는 부서)들이 모여 있는 서울중앙지검 3차장검사 산하 컴퓨터수사부에 배치되어 2005년까지 컴퓨터 범죄 수사를 담당했다.

내가 컴퓨터 범죄 수사를 담당하자마자 충분한 역량을 발휘할 수 있었던 것은 나의 개인적 경험 덕분이다. 1982년 겨울, 중학교 2학년이었던 나는 애플 II 컴퓨터와 만난 것으로 컴퓨터와 첫 인연을 맺었고, 베이식(Basic), 포트란(Fortran) 등 컴퓨터 언어를 공부하고 로드 러너, 스네이크 바이트와 같은 고전 PC게임을 즐기며 컴퓨터의 작동 원리를 익혔다. 대학에 입학한 후 전공 공부를 하느라 잠시 컴퓨터와 소원해졌지만 대학원에 들어간 1991년 IBM 컴퓨터 호환 기종인 286AT 기종을 구입하면서 다시 친해졌다. 이때 PC통신(모뎀 접속)을 하며 네트워킹에 대해 처음 알게 되었다. 이후 PC를 직접 조립하고 도스(DOS), 윈도즈(Windows) 등을 공부하고 PC통신 법률동호회 '법촌'을 수년간 운영하면서 컴퓨터와 네트워킹에 대한 지식을 넓혀 나갔다.

나는 어린 시절부터 전자 기기에 대한 관심이 많았다. 중학교 때에는 『라디오와 모형』 같은 책을 읽고 세운상가를 다니면서 전자 부품을 구입해 소형 전자 기기를 만들기도 했다. 냉장고부터 세탁기에 이르기까지 집에 있던 전자 제품은 죄다 열어 보다가 어머니에게 꾸중을 듣기도 했다. (물론 지금은 즐거운 추억이 되었지만.)

지금도 주변 사람들로부터 '얼리 어답터(Early Adopter)'라는 소리를 들을 정도로 새로운 정보 통신 기술, 전자 기술에 대한 관심을 잃지 않고 있다. CD가 막 유행하기 시작했던 1980년대 말에 이미 내가 메모리 기반의 음악 재생 장치(지금으로 치자면 MP3 플레이어)가 출현할 것을 예상한 것도 우연은 아니었을 것이다.

지금 생각해 보면 전자 기기, 정보 통신 기기, PC통신, 인터넷에 대한 관심이 컴퓨터 범죄와 사이버 범죄를 수사하는 데 밑거름이 되었다. 도스 시절 파일 시스템(File System)에 대해 습득한 지식은 윈도즈를 기반으로 한 32비트(bit), 64비트 파일 시스템 시대에도 그 원리를 신속하고 깊게 이해하는 데 많은 도움이 되었고, 수사하면서 확보한 컴퓨터 하드 디스크(HDD)에 들어 있는 디지털 정보를 분석하는 능력을 키우는 데에도 유용했다.

또 컴퓨터수사부에 근무하며 인터넷 전자 상거래 사기, 인터넷 카드깡, 음란 사이트 개설, 해킹, 개인 정보 침해, 스파이웨어 배포, 악성 프로그램 배포, 첨단 기술 유출 등의 범죄를 직접 기획 수사 하면서 점차 컴퓨터 범죄 수사에 대한 지식이 깊어졌다.

내 개인적인 경험에 비추어 보면 컴퓨터 범죄를 제대로 수사하기 위해서는 컴퓨터 범죄가 발생하는 공간과 컴퓨터 범죄를 행하는 범죄자들의 세계를 이해하는 것이 가장 중요하다. 컴퓨터 범죄와 관련된 전문 용어 및 기반 기술을 이해하지 못하면 어떤 방법을 이용하여 그와 같은 범죄를 저질렀는지 추리해 내기가 어렵기 때문이다.

당연히 이런 지식은 하루아침에 체득되지 않는다. 어려서부터 컴퓨터와 정보 통신을 접하는 것도 중요하지만, 생활에서 활용하는 수준의 지식만으로는 부족하다. 사이버 검사라고 해서 컴퓨터 및 정보 통신 분야의 전문가가 될 수도 없고 될 필요도 없지만, 폭넓은 전문 상식과 정보 통신 원리에 대한 기본적 이해는 필수다. 컴퓨터 범죄에 대한 국가 간 수사 공조를 위해 영어 등 외국어 능력 또한 필요하다. 여러 컴퓨터 관련 자격증 중에 쉬운 것부터 차례로 도전하면서 점차 깊은 전문 지식을 습득해 나가는 것도 한 방법이다.

컴퓨터 범죄 수사에는 네트워크 보안, 암호 해독, 모바일 기기, 데이터베이스, 디지털 증거의 복구 및 분석 등의 지식이 주로 활용된다. 최근의 컴퓨터 범죄는 특히 네트워크를 통해 주로 발생되고 있다. 주요 정보가 네트워크상에 데이터베이스로 저장되어 있고 앞으로 그 중요성이 더욱 높아질 것이므로 이를 다룰 수 있는 능력을 갖추어야 한다. 또 휴대전화, PDA를 비롯한 개인 휴대 장비의 눈부신 발전도 예상되므로 모바일 기기와 관련된 지식도 항상 새롭게 하면 좋을 것이다. (사이버 검사가 되는 데 특별한 부가 자격증이 필요한 것은 아니며, 검찰은 2005년 '첨단범죄 수사전문 아카데미'를 설립하여 사이버 검사와 전문 수사관을 양성하고 있다.)

미래의 검사는 모두 사이버 검사

우리나라는 급격히 변해 왔다. 1960년대까지 농업 시대였다가 1970년대 산업 시대를 거쳐 1990년대에는 정보화 시대, 2000년대에는 지식 정보화 사회에까지 이르렀다. 서구 국가들에 비해 무척 빠른 변화를 거치면서 새로운 시대에 걸맞은 윤리와 규범이 제대로 정착되지 않아 후진국형 범죄 현상이 사이버 세상에서 그대로 재현되고 있다.

기존의 검사 혹은 법률가들은 주로 법학을 공부했기에 새로운 문명 현상에 대해 적절한 이해와 관심을 갖춘 법조인을 찾기가 어려웠다. 다행히 최근에는 다양한 전공을 갖춘 법조인들이 배출되고 있고, 1990년대 정보화 시대 이후에 어린 시절을 보내어 사이버 범죄 현상에 대한 소양을 갖춘 법조인들이 양성되고 있다.

21세기 지식 정보화 사회가 고도화되고 있는 현재, 그 역기능이자 어두운 면인 급증하는 사이버 범죄를 효율적으로 제압할 수 있는 역량을 신속히 갖추어야 할 사명이 수사 기관에 부여되어 있다. 범죄의 수사와 기소를 최종적으로 책임지는 검사의 역할에 비추어, 앞으로는 모든 검사가 사이버 검사가 되어야 한다고 해도 과언이 아니다.

아무쪼록 훌륭한 사이버 검사가 많이 배출되는 데 졸고가 조금이나마 도움이 된다면 기쁘겠다.

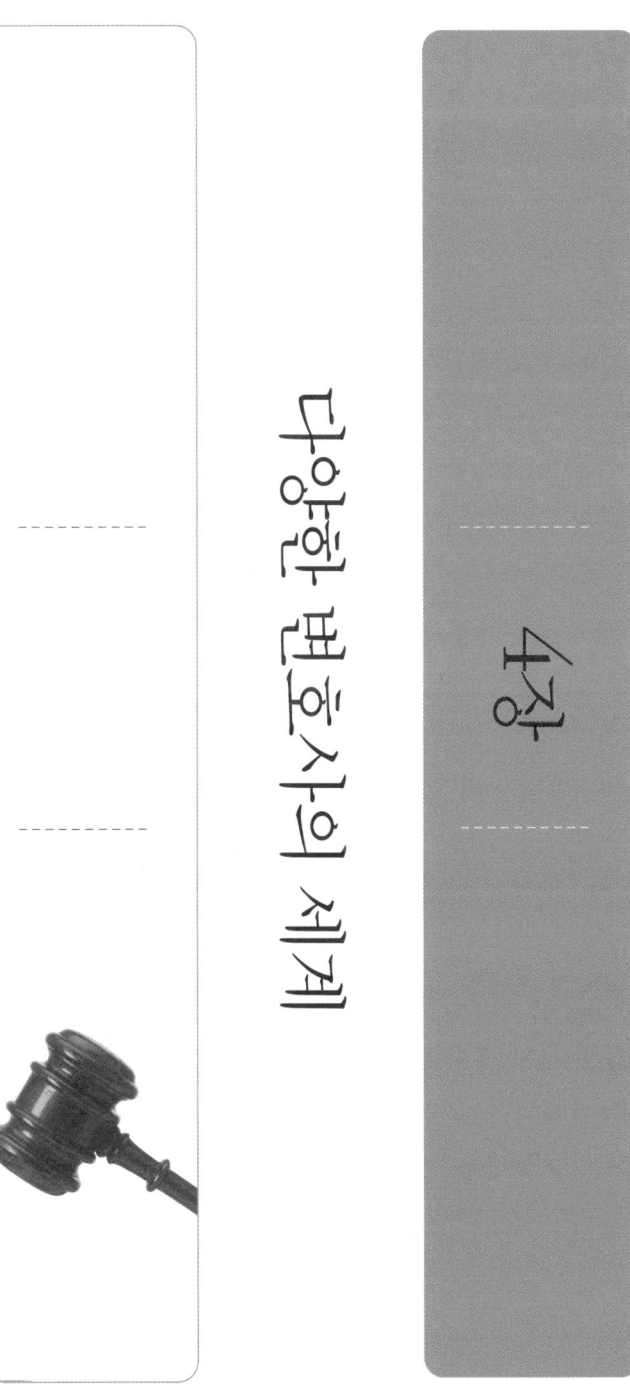

4장

다양한 변호사의 세계

01　　　　　　　　　　　　　　　　　　　　　　　교통사고 전문

항상 최악의 상황에 대비하라

| 한문철 |

1961년생. 1985년 서울대학교 법과대학을 졸업하고 같은 해 제27회 사법시험에 합격했다. 서울지방검찰청 검사를 거쳐 1993년 변호사 활동을 시작하였다. 2000년 교통사고 전문 사이트 스스로닷컴(www.susulaw.com)을 오픈했으며 현재 법률사무소 스스로닷컴의 대표 변호사로 일하고 있다. 저서로 『교통사고의 법률지식』, 『민법총칙 핵심정리』, 『물권법 핵심정리』, 『채권법 핵심정리』, 『교통사고 현장 대처법부터 소송절차 마무리까지』, 『한문철 변호사의 교통사고 클리닉』 등이 있다. 라디오와 TV에서도 교통사고 전문 변호사로 활발한 방송 활동을 하고 있다.

　신문이나 방송 등 미디어에서 나를 소개할 때 '교통사고 전문 변호사'(변호사는 '전문'이라 자칭할 수 없게 규정되어 있지만 제삼자에 의한 평가는 문제가 되지 않는 것 같다.)라는 표현을 빠뜨리지 않는다. 이제 변호사 한문철과 교통사고는 뗄래야 뗄 수 없는 불가분의 관계로 많은 사람들에게 각인되어 있지만, 그 시작은 우연히 인연을 맺게 된 한 출판사로부터 교통사고 관련 책을 집필해 달라는 청에서 비롯됐다. 당시 집필했던 『교통사고의 법률지식』은 기존에 나와 있던 교통사고 관련 서적이 일본 책을 그대로 번역한 것에 불과했기에 우리나라 최초의 교통사고 관련 서적으로 상당히 좋은 반응을 얻었다. 이후 전국버스운송사업조합연합회의 고문 변호사를 맡으며 교통사고에 대한 다양한 경험과 전문 지식을 쌓았다.

다람쥐 쳇바퀴 돌듯 반복되며 평범했던 변호사 생활에 염증을 느낄 즈음, 2000년 초 우연히 접하게 된 인터넷은 이런 나에게 새로운 인생의 전환점을 제공해 주었다. 이메일이 뭔지도 모를 정도로 당시에 나는 인터넷에 무지했지만, 관심 분야인 교통사고 관련 사이트가 어떤지 궁금해 찾아보았더니 검색된 수십 개의 교통사고 관련 사이트 중 제대로 된 정보를 담은 곳은 단 한 군데도 없었다. 사고를 당한 것만으로도 정신적·육체적으로 고통 받는 교통사고 피해자들에게 도움이 되기는커녕 오히려 엉뚱한 정보를 제공하고 있는 곳도 많았다.

이건 아니다 싶었다. 그저 두고 볼 일이 아니라 그동안 쌓인 실무 경험을 토대로 제대로 된 인터넷 사이트를, 교통사고 피해자를 위한 사이트를 만들어야겠다고 결심했다. 서초동의 잘나가는 변호사라는 안정된 생활을 포기하고, 교통사고 피해자를 위한 인터넷 사이트 스스로닷컴(www.susulaw.com)을 만들기 시작한 것이다.

인터넷에서 새로운 길을 개척하다

잘 다려진 양복 대신 면바지에 티셔츠를 입고, 반짝이는 구두 대신 운동화를 신고, 모은 재산을 몽땅 털어 넣으며 밤낮을 가리지 않고 2년여의 시간을 투자해 사이트를 구축했다.

이렇게 만들어진 스스로닷컴의 초기 목표는 교통사고 피해자가 사이트를 통해 합의는 물론 손해 배상 소송까지 스스로 처리할 수 있도록 도와주는 온라인 법률 서비스를 유료로 제공하는 것이었다. 하지만 전문적인 법률 지식이 없는 일반인들이 직접 사건을 처리하기엔 많은

:: 변호사로 일하면서 받는 스트레스를 풀기 위해 사진 찍기를 즐기는 필자.

시간과 노력이 필요했고 그로 인한 스트레스 또한 만만치 않음을 깨닫게 되어 오랜 고민 끝에 모든 법률 정보를 무료로 제공하는 대신 꼭 필요한 이들에게 손해 배상 소송을 대리하는 것으로 방향을 바꾸었다. 평균 20퍼센트 안팎이었던 수임료를 3분의 1 수준으로 낮추고, 브로커는커녕 그 흔한 사무장 한 명 없이 오로지 인터넷 사이트 스스로닷컴을 매개로 교통사고 손해 배상 소송을 위임받기 시작한 것이다.

주변에서는 망하는 건 시간문제라며 만류하기도 했고, 혹자는 "미쳤다."는 표현까지 서슴지 않았다. 하지만 지난 몇 년 사이 인터넷이 그 존재 가치를 논할 필요도 없는 산소 같은 존재이자 우리 생활의 일부로 자리 잡으면서 스스로닷컴은 교통사고 피해자들에게 교과서 같은 존재로 인식되어 이제는 '교통사고=스스로닷컴=한문철 변호사'라는 공식이 성립되었다는 평가를 받고 있다. 오프라인 법률사무소 스스로닷컴 역시 소속 변호사를 포함하여 직원 수가 30여 명으로 늘어났다. 그 많은 인원이 교통사고 손해 배상 소송만 전담하다시피 하는데도 숨 돌릴 틈도 없이 바쁘게 돌아가고 있다. 한마디로 새로운 사업 모델을 개척한 변호사 업계의 대표적인 성공 사례로 인정받고 있는 것이다. 나에게 손가락질을 하던 이들마저 이제는 나름대로의 전문성을 내세우며 인터넷 사이트를 운영하고 있으니 격세지감을 느끼지 않을 수 없다.

그동안 쌓인 인터넷 법률 상담이 5만여 건, 의뢰인을 만나 소송의 실익 여부를 다룬 상담이 5000여 건이고, 그 중 실제로 의뢰받아 진행했던 교통사고 손해 배상 소송이 3000건이 넘는다. 대법원에서 2003년 1년간 진행된 교통사고 손해 배상 사건을 분석했더니 내가 운영하는 사무실에서 840건의 사건을 진행했다고 한다. 두 번째로 많았던 타 사무실에서 진행한 소송 건수가 90건이라니 정말 엄청난 차이다.

대형 로펌을 제외하고는 짧은 시간 안에 가장 많은 사건을 다루면서(대형 로펌이라 해도 한 분야의 사건을 이렇게 많이 다루지는 못할 것 같다.) 얻은 것이 있다면 무리한 욕심을 내기보다는 실수 없이 제대로 처리해 내는 것이 변호사의 역할이라는 소신과, 실제 소송 사례를 통해 쌓은 소중한 데이터를 토대로 진행 방향을 정확하게 예측해 의뢰인에게 제시해 줄 수 있는 판단력이다.

그동안 직접 몸으로 부딪치며 수많은 사건들을 해결하면서 보람을 넘어 행복을 느꼈던 소송도 많았다. 그렇지만 나는 지금까지도 쉬이 잊히지 않는 힘들고 어려웠던 사건을 말하고 싶다. 그 속에 교통사고 전문 변호사의 노하우가 있기 때문이다.

불변 기간 꼭 지키고 정확한 자료로 승부하라

2001년에 진행했던 한 사건이 기억난다. 교통사고로 사망한 대학생(복학생)의 손해 배상 청구 소송 건이었다. 관례상 간호학과 이외에는 어떤 학과를 막론하고(의대생이라 하더라도, 의사고시 합격률이 100퍼센트라 하더라도 마찬가지다.), 아무리 명문 학교 재학생이라고 해도 학생일 경우 도시 일용 노임을 적용하는데, 의뢰인은 피해자가 대학교 부설 연구소에서 컴퓨터 관련 아르바이트를 했다며 이를 인정받고 싶어 했다. 나는 의뢰인에게 도시 일용 노임보다 높은 통계 소득을 인정받는 것은 불가능할 것임을 충분히 설명한 후 컴퓨터 계통의 경력 1년 내지 2년의 통계 소득을 주장했다.

내 예상대로 재판부는 도시 일용 노임으로 소득을 적용해 조정했다. 의뢰인의 기대보다는 낮았지만 그래도 보험 회사가 제시한 액수보다는 5000만 원가량 늘어난 금액이었다. 그러나 의뢰인은 소득을 제대로 인정받지 못한 아쉬움 때문인지 조정 결과를 흔쾌히 받아들이지 못했다. 이의 여부에 대해 오랜 시간 갈등하던 의뢰인이 결국 이의를 요청해 와 이의 신청서를 제출하러 직원을 보냈더니 그만 이의 만기일이 하루 지나 사건이 확정되어 버린 상태였다.

어차피 이의했더라도 판사가 인정해 주지 않을 사건이었고 소송 대리인으로서 최선을 다했음을 의뢰인도 알고 있었기에 이를 크게 문제 삼지는 않았지만, 한 번 더 다투어 볼 수 있는 기회를 놓친 잘못은 우리에게 있었다. 그래서 수임료는 물론 인지대, 송달료까지 돌려주었다. 직원의 실수로 이의 만기일을 놓쳤지만 그 책임은 결국 변호사인 내게 있으므로 그동안의 소송 비용을 전액 물어 주고 일을 끝낸 것이다.

설사 재판에서 진다 해도 끝이 아니다. 항소를 통해 한 번 더 기회를 얻을 수 있기 때문이다. 그러나 불변 기간을 놓치면 항소(혹은 이의)해서 한 번 더 싸워 볼 수 있는 기회를 영영 잃고 만다. 한마디로 돌이킬 수 없게 되는 것이다.

이 사건 이후 우리 사무실에서는 불변 기간보다 2~3일 정도 앞당겨 의뢰인에게 이의 여부를 결정짓게 한다.

사지가 마비된 환자 사건도 기억에 남는다. 피해자 가족은 피해자가 새벽에 신호등의 녹색등이 켜진 것을 보고 횡단보도에서 몇 미터쯤 떨어진 곳을 건너가다가 과속하는 차량에 부딪혔는데 보험 회사에서는 피해자에게 30퍼센트의 과실이 있다고 주장하며 보상금 3억을 제시하고 있다고 했다. 나는 피해자의 소득과 상태를 고려할 때 4억 5000만 원 이상의 보상금이 인정되어야 할 것이라 판단하여 사건을 맡았다.

그런데 소장을 제출한 후 도착된 형사 기록을 살펴보니 어두운 새벽에 신호등의 적색등이 켜진 상태에서 횡단보도에서 10여 미터 떨어진 곳을 건너다가 사고를 당한 것으로 되어 있었다. 피해자의 과실을 20퍼센트 정도로 예상하고 소송을 권했는데 과실이 60퍼센트로 늘어났으니 머리카락이 곤두서는 느낌이었다. 몇 년 전 형사 기록을 이제 와서 뒤집을 수도 없으니 이미 확정된 형사 기록만을 토대로 최선을 다할 수밖에 없었다. 그 결과 이자까지 포함하여 간신히 2억 4000만 원 정도의 보상금을 인정받았다. 재판부에서는 피해자의 과실을 55퍼센트로 판단한 것이다.

의뢰인의 잘못된 설명을 전제로 시작된 소송이니 의뢰인이 그 결과에 대해 나를 탓할 수 없는 입장이긴 했다. 그래도 마음 한구석에는 나를 원망하는 마음이 있을 법도 한데 의뢰인은 불평 한마디 없이 믿고 따라 주었다. 감사할 뿐이다.

현재 이 사건은 항소심을 진행하고 있다. 과실 비율과 기대 여명(건강한 보통 사람들이 그 나이에 따라 평균적으로 더 살 수 있을 것으로 인정되는 기간)을 쟁점화해서 어떻게든 보험 회사에서 제시했던 금액보다는 보상금이 줄어들지 않도록 온갖 노력을 기울이고 있다.

하지만 피해자 가족의 일방적인 주장만 들을 것이 아니라 기록을 정확하게 검토한 후 소송을 진행했다면 하는 아쉬움까지 없어지지는 않는다.

소송은 환상이 아니다

상담을 하다 보면 가끔 사실과 다르게 말하는 분들을 만나곤 한다.
"이전에 사고가 난 적이 있었나요?"
"처음인데요."
"이전에 아픈 적이 있었나요?"
"처음이에요."
"그런데 보험 회사에서 왜 기왕증(환자가 과거에 경험한 질병)이 80퍼센트라고 주장하고 있죠?"
"그러니까 억울해서 소송하려구요."
"그래요? 연세도 많지 않고 기왕증은 50퍼센트 이상은 안 될 것 같으니 소송해 봅시다."

이렇게 해서 시작된 소송이 진행되던 어느 날, 의뢰인과 연락이 닿지 않았다. 알아봤더니 이전에도 수차례 사고로 보상받은 전력이 있고, 별것도 아닌 사고로 오래 입원해 있는 등 의심스러운 행동으로 덜미를 잡혀 결국 보험 사기로 구속되었단다.

또 이런 사람도 있었다.
"보험 회사가 1억 5000만 원 주겠다고 하는데 너무 억울해서 소송하고 싶습니다."

"뭔가 이상한데요? 아무리 계산해도 제가 보기에는 8000만 원이 넘지 않을 것 같은데요. 소송보다는 보험 회사에서 주겠다는 1억 5000만 원에 합의하시는 게 좋겠습니다."

"사실은 1억 5000만 원을 주면 합의하겠다고 했더니 담당 직원이 한번 생각해 보겠다고 한 거예요."

만약 내가 이런 확인을 거치지 않고 소송을 진행했다면 소송이 종결된 후 자신이 기대한 1억 5000만 원에서 모자라는 금액만큼 나를 원망했을 것이다.

나를 찾아오는 많은 사람들이 내게 확답을 요구하곤 한다. 소송을 하면 무조건 배상금이 늘어날 것으로 막연히 기대하고 찾아오기 때문이다. 물론 긍정적이고 유리한 면만 거론하면서 의뢰인이 만족할 만한 답변을 할 수도 있다. 그러나 나는 항상 그 사건에서 예견되는 제일 나쁜 경우를 전제로 설명하곤 한다. 그러니 주변에서는 소송을 위임하도록 의뢰인을 설득하는 상담을 하는 것이 아니라 오히려 소송을 못하게 말린다며 의아해 하기도 한다.

하지만 소송은 환상이 아니다. 의뢰인에게 기대감을 심어 주어서도 안 되고 평균을 근거로 판단해서도 안 된다. 평균보다 못한 경우도 있을 수 있고 의뢰인에게 최악의 경우가 생길 수도 있으니 항상 그 점을 고려하는 것이다. 이렇게 여러 가지 경우를 따져 보고 최악의 경우에도 배상금 액수가 보험 회사에서 제시하는 것과 비슷할 것으로 예상되면 그때 비로소 소송을 권한다. 적어도 의뢰인이 소송을 해서 손해를 보면 안 된다고 생각하기 때문이다.

이렇게 냉정한 현실을 의뢰인에게 충분히 설명하고 시작했음에도

:: 필자가 의뢰인과 직원들을 모아 놓고 회의를 하고 있다. 필자는 사건 당사자인 의뢰인이나 사건을 위임받은 변호사가 각자 한 말에 책임을 지고 차후 다툼의 소지를 없애기 위해 상담 전 과정을 비디오카메라로 녹화해 두곤 한단다.

불구하고 소송 결과가 만족스럽지 못할 경우 모든 책임을 변호사에게 전가하는 분들이 간혹 있었다. 나는 이러한 분쟁을 막기 위한 궁여지책으로 사건 당사자인 의뢰인과 사건을 위임받은 변호사 간의 상담 전 과정을 비디오카메라로 녹화해서 보관하고 있다. 의뢰인이든 변호사이든 각자 한 말에 책임을 지고 차후 다툼의 소지를 없애기 위한 것이다. 그 과정이 특이해 보였는지 한동안 신문과 방송에서 이러한 내 업무 스타일에 대해 앞 다투어 보도하기도 했다.

위기는 곧 기회다

변호사가 넘치는 시대다. 물론 1년에 5만 명씩 변호사가 늘어나는 미국과 비교하면 우리나라의 경우 변호사의 수가 현저히 부족해 보일 수 있다. 하지만 부동산중개사, 회계사, 법무사, 변리사 등이 변호사와 별도로 세분화되어 있는 우리나라와 달리 미국에서는 모두 변호사라는 타이틀로 활동하는 것을 고려하면 비교 자체가 무의미하다.

현재 우리나라 변호사의 수는 8000여 명으로 인구 6000명당 변호사 1명꼴인 셈이다. 이렇게 변호사가 많다 보니 함량 미달의 변호사가 많다는 비판까지 일고 있다. '재판 절차도 모르는 불량 변호사 많다'는 내용의 기사가 신문에 실릴 정도이다.

최근 확정된 로스쿨 제도가 도입되면 1년에 1200명에서 2000명가량의 변호사가 배출될 것이라니 변호사의 과다 배출로 인한 부작용은 더욱 심각해질 것이다. 수요를 넘어선 과잉 공급은 명예와 부를 동시에 거머쥘 수 있었던 최고의 전문직 변호사들마저 예외 없이 몰락시키고 있는 것이다.

위기 상황임이 분명하다. 급격한 변화에 적응하지 못하고 현실의 어려움만을 호소한다면 도태되어 버릴 수밖에 없다. 하지만 위기는 또 다른 기회라고 했다. 오히려 이런 때일수록 남보다 앞서 나만의 영역을 개척하고자 노력한다면 수난의 시대 속에서도 인정받고 성공할 수 있는 길이 열릴 것이다. 스스로닷컴처럼 말이다.

02   의료사고 전문

메디컬 드라마의
연출자처럼

| 김선욱 |

1970년생. 1994년 한양대학교 법과대학 법학과를 졸업하고 1998년 제40회 사법시험에 합격했다. 2003년 부터 2005년까지 대한의사협회 법제이사, 2004년 노무현대통령측근비리특별검사 특별 수사관을 역임했으며, 현재 서울지방변호사회 기획이사 및 대외법률사무소 대표 변호사로 활동하고 있다.

일곱 살이 채 되지 않은 어린아이와 엄마가 상복을 입고 병원 앞에서 환자의 영정을 들고 울부짖고 있다. 유족들은 병원 앞에 천막을 치고 연일 집회를 하고 있고, 의사는 일손이 잡히지 않아 아무 일도 할 수 없다. 멀쩡하게 일 나간 남편이 병원에서 차디찬 시체가 되어 나온 상황. 유족 측은 피곤하다면서 병원에 가서 링거 주사를 맞아야겠다던 망인의 마지막 말만을 기억한다. 사랑하는 가족이 어떻게 갑자기 다시 돌아오지 못할 불귀의 객이 되었는지. 유족은 멀쩡하게 병원에 간 젊은 사람이 갑자기 사망한 것은 병원에서 약을 잘못 주어서 그런 것이라고 생각한다.

환자는 링거 주사를 맞다가 갑자기 호흡 곤란이 왔다. 혈압이 잡히지 않는 절체절명의 상황에서 병원 측은 심폐 소생술로 응급 처치를

하고 긴급 출동한 구급차에 환자를 태워 근처의 응급의료센터에 보냈다. 그러나 그곳에서도 생명의 불씨를 되살리진 못했다. 환자가 사망하고야 만 것이다.

삶과 죽음이 오간 짧은 시간 동안 병원과 환자에게는 도대체 어떤 일이 벌어진 것인가. 전문적인 의료 지식이 없는 유족 입장에서는 너무도 억울한, 청천벽력과 같은 환자의 죽음. 쉽게 납득할 수 없는 것이 당연하다. 피로한 기색은 있었지만 아무런 이상 조짐이 없던 환자가 병원에 온 지 불과 1시간도 되지 않아 사망했으니.

병원과 의사 역시 느끼고 있다. 그 환자가 이제는 자신의 목을 조여 오는 것을.

한 가장의 죽음 – 의료사고인가 아닌가

A 원장
병원장이 모든 책임을 지라며 유족들이 울부짖고 있는 상황에서 경찰서에 다녀왔다. 경찰은 사건 당일 어떤 일이 있었는지, 치료 내용은 무엇인지, 긴급 상태에서 어떠한 조치를 취하였고 환자를 응급의료센터로 보내는 데 얼마나 걸렸는지 추궁했다. 평생 처음으로 경찰서의 차가운 철제 의자에 앉아 죄인처럼 취조를 당했다.

사망한 환자의 동생
국립과학수사연구소에서 부검 중간 결과가 나왔다며 유족을 오라고 한다. 차디찬 시체로 누워 있는 형. 형수는 기절할까 봐 차마 오지 못하고 대신 내가 고인이 된 형의 부검을 참관하러 왔다. 이미 몸 여러 군데가 열려 있다. 차마 눈 뜨고 시신을 볼 수가 없다. 역한 냄새. 부검의는 "고인이 평소 술이나 담배를 많이 하셨나요?"라고 묻는다. 형은 고등학교 시절부터 담배를 피웠다. 그때는 멋있어 보였던 그 담배로 가신 거구나.

"고인의 심장입니다. 관상 동맥 여러 군데에 누런 지방층이 보이지요? 이게 사망의 원인입니다. 이 누런 지방이 혈관을 막아 심장으로 가던 혈액 공급이 급격히 줄어들게 되고, 근육 덩어리인 심장에 산소가 공급되지 않으니까 심장이 마비되면서 사망하게 된 것입니다."

무슨 말인지 도무지 알 수 없었지만 처음 본 심장과 이상한 누런 지방이 뭔가 잘못되었다는 것 정도는 알아들었다. 사망 원인은 급성 심근경색. 40대 남자들에게 갑자기 찾아오는 돌연사의 대표적인 원인.

"사람이 어떻게 그렇게 급작스럽게 죽을 수 있나요? 병원의 의사는 뭘 하는 건가요? 이런 것 치료받으려고 병원에 가는 거 아니냐고요!"

울고 있는 형수 앞에서 아무 말도 못했다.

김 경위와 정 간호조무사

"링거 주사할 때 넣은 약 성분이 뭔지 말해 봐요. 환자가 링거를 맞는 동안 유심히 관찰했나요?"

무섭게 생긴 경찰. 정 간호조무사는 그냥 무섭기만 하다.

"환자가 링거 맞는 동안 내버려 둔 거 아니냐고요. 호흡이 멈춘 시간이 언제예요? 왜 차트에 기록하지 않았어요? 간호기록지 이런 거, 항상 작성해야 하는 것 아니에요? 의료법에 보면 간호조무사도 간호사처럼 기록지 써야 하는데…. 만약 뭔가 은폐하려고 허위 진술 하는 것이 발각되면 구속도 할 수 있습니다."

상기된 표정의 유족들이 제출한 고소장을 받아 본 김 경위는 병원에서 뭔가 숨기고 있는 것은 아닌지 계속 정 간호조무사를 추궁하고 있다.

보건소 의약계 최 주임

"진료 기록이 허술해요."

이른 아침부터 관할 병원에서 사망한 환자의 유족 측의 진정을 듣느라 밀린 일을 처리하지 못하고 있다.

"제가 진정서를 살펴보고 병원에 가서 필요한 사항을 조사해 보겠습니다."

안타까운 일이다. 젊은 나이에 요절한 남편도 안됐지만 일곱 살 난 아들을 혼자 키워야 하는 미망인이 더욱 안됐다. 문득 고향에 계신 어머니가 생각이 난다.

사망한 환자의 처남

오늘도 원무과장은 죄송하다면서 병원이 경제적으로 너무 어렵고 힘들다고만 한다. 혼자 조카를 키워야 하는 누님을 생각하면 이놈의 병원 다 불 질러 버리고 싶지만… 산 사람 목구멍에 거미줄 쳐서는 안 된다. 우선 2억 원과 장례비를 제시했는데 원무과장이라는 놈이 자꾸 잔머리를 굴리면서 변호사와 상담을 하는 것 같다. 요새 돈 2억이 어디 돈인가? 강남의 38평 아파트가 7~8억이라는데, 자형을 잃은 누나와 조카는 2억 원으로 얼마나 버틸 수 있을까.

환자 측 변호사, 의사 측 변호사

A 변호사(환자 측)

우선 진료기록부를 복사해 달라고 하세요. 만약 복사해 주지 않으면 보건소에 진정을 넣으세요. 그러면 바로 복사해 줄 겁니다. 관련 기록, 차트 등을 모두 복사해서 저희 사무실로 오세요. 일단 오셔서 상담을 받으세요. 시위요? 집회 신고는 하셨습니까? 지나친 시위는 오히려 명예 훼손이라고 반소(反訴)를 당할 빌미를 주는 것이니 최대한 자제를 하시는 것이 옳다고 봅니다. 집회 금지 가처분을 당하는 경우도 있어요. 변호사 보수는 사건마다 다릅니다. 일단 상담을 하신 후 난이도에 따라서 협의하여 정합시다. 억울하시겠네요. 여하튼 최선을 다해 고인과 유족의 원통함을 법원에 호소해 봅시다.

B 변호사(의사 측)

부검 결과는 나왔나요? 급성 심근 경색이라…. 심전도나 다른 검사에서는 어떤 결과가 나왔나요? 어려울 수도 있습니다. 형사 사건 고소나, 시위가 계속될 거라고 예상되면 우선은 최대한 합의를 하시는 것이 좋겠지요. 하지만 유족 측에서 터무니없이 많은 합의금을 요구한다거나 원장님 양심에 반하는 것이라면 그런 합의는 하지 않으시는 것이 좋습니다.

요즘은 설명 의무 위반이다, 경과 관찰 의무 위반이다 해서 법원에서 의사들을 바라보는 시각이 환자 쪽으로 치우친 경향도 없지 않습니다. 환자가 사망했다면 병원의 과실이 별로 없다손 치더라도 어느 정도 도와주어야 한다는 것이 사회적 정서인 것 원장님도 잘 아시지요? 민사 손해 배상 소송에서 법원은 통상 '환자는 약자, 의사는 강자'로 구분하는 선입관을 가지게 되는 정서상의 문제점도 감안하셔야 합니다. 물론 소송을 잘 진행하고, 회신(의료 소송에서 의사협회 등 전문 감정 기관에 일정한 사실 조회를 신청하여 그 회신을 받아 보는 것)이나 감정(진료기록부 등에 표시된 당시의 상황 및 의료적 처치가 어떠한 것이지를 전문 감정 의사에게 물어보는 것)이 우리 쪽에 유리하게 나오는 경우 민사적으로 면책할 가능성도 충분히 있다고 봅니다. 형사 고소는 되어 있나요? 진료기록부를 부실하게 작성했다거나 보관하지 않았다는 이유로 의료법에 위배되었다면서 환자가 보건소에 진정서를 내거나 경찰서에 고발을 하지는 않았나요?

우리나라의 경우 의료 소송에 있어 변호사가 환자 쪽이나 의사 쪽 어느 한쪽만을 대리하라는 소송 대리에 대한 제한 규정이 없다. (미국의 경우 주에 따라 의사나 환자 중 어느 한쪽만을 도와 소송 대리를 해야 하는 주가 있다.) 그러니 변호사들은 그저 먼저 온 의뢰인을 위해 최선을 다할 뿐이다.

문제는 의료 소송이 지극히 개인적인 감정에 몰입되기 쉬운 대표적인 소송이라는 점이다. 어찌 보면 의사와 환자의 관계는 세상의 인간관계 중 가장 신뢰가 두터울 수밖에 없는 관계이다. 자신의 생명이나 신체를 의사에게 내놓는 상황, 신뢰가 없다면 질병의 치료는 불가능하기 때문이다. 그런데 이렇게 두터운 신뢰 관계가 깨지면 가장 원초적인 노여움과 증오로 관계가 극도로 악화된다. 믿은 만큼 배신과 실망도 크기 때문이다.

이러한 인간관계가 결국 소송이라는 형식으로 표출되면 변호사는 의사(병원)와 환자(유족) 둘 중 어느 한편을 택하여 소송을 대리해야 한다. 의료 소송 전문 변호사라고 하면 흔히 의사의 의료 과오를 밝히는 전문 변호사라고 생각하는데, 사실은 환자 또는 의사의 편에서 각자의 입장을 대리하는 것이 의료 소송 전문 변호사의 역할이다. 때로는 환자 편에서, 때로는 의사 편에서, 양립할 수 없는 사람들의 입장을 대신하는 것이 수월한 일은 아니다. 괜한 오해를 사는 경우도 있다. 의사들이 과거에 환자의 소송을 대리한 경험이 있는 변호사를 의사 편이 아니라고 경계하거나 혹은 그 반대의 경우도 있다.

소송뿐 아니라 의료법 자문 역할도

의료 사건을 맡으면 우선 주변 의사들에게 의학적 조언을 받는다. 전문 서적을 참고하기도 하고 과거 판례에서 판단 사항을 연구하여 의료실장들과 논의한 후 변론 방향을 구상한다. 의료 사건의 소송을 대리하는 변호사들은 연출자이다. 사건은 과거이고, 변론은 현재다. 판결은 미래의 일이다.

의료 소송은 한 편의 메디컬 드라마를 연출해 가는 과정이다. 사실과 가상의 추측이 혼재된 상황에서 변호사는 의뢰인의 목적에 최대한 근사치로 접근하도록 과거의 사건을 재구성해 변론 방향을 정하고 판사에게 시연한다. 판사는 관객이다. 관객의 평가는 언제나 냉정하다.

의료사고는 대부분 한순간의 일이다. 그러나 그 사건을 다시 현재로 불러와서 재현시키고 판사에게 이해시키기 위해서는 짧으면 1년, 길게는 2년 이상의 시간이 소요되는 경우도 흔하다. 일반 소송에서는 두세 차례의 변론과 증인 신문으로 해결될 것이, 의료 소송에서는 진료 기록 감정, 사실 조회, 신체 감정, 문서 송부 촉탁 신청, 심지어는 현장 검증 등의 입증 절차가 부가된다. 그만큼 사실 관계에 있어서 첨예한 쟁점이 발생한다. 치료를 할 때 시간별로 경과를 관찰했는가, 환자의 상태 관찰에 있어 너무 지체하지 않았나, 평균 4시간에 한 차례씩 경과를 보아야 하는데 7시간이 지나서야 환자의 상태를 진찰한 것이 잘못되었다는 등 시간의 차이를 두고 과실이 있다, 없다는 식의 논쟁이 치열하게 진행되는 경우도 있다.

시간이 지남에 따라 원한 감정이 옅어지거나 사라지기도 한다. 이때 '조정'이라는 제도는 평생 원수로 지낼 당사자들을 합의시키는 데 큰 효용이 있다. 하지만 때로는 사건 심리가 장기화되는 데 따르는 소송 부담을 회피할 목적으로 이용되기도 하는 것 같다. 조정 제도가 다른 사건보다 의료 민사 사건에서 더 많이 활용되는 것도 아마 그런 이유일 것이다.

의료사고 민사 소송에 대한 소송 대리가 많은 변호사를 흔히 의료 소송 전문 변호사라고 지칭한다. 내가 속해 있는 대외법률사무소의 경우 변호사가 5명이고 의료 사건과 관련된 민사 소송이 전체 소송 건수의 60퍼센트 정도다. 나머지는 의료 사건과 관련된 형사 소송의 변호인 업무, 의사의 면허 정지 처분에 대한 행정 소송, 국민건강보험과 관련된 행정 소송 및 헌법 소송 등이다. (간혹 일반 사건을 선임하기도 하지만 자주 있는 일은 아니다.)

대외법률사무소는 치과의사 출신의 전현희 변호사가 서초동에 사무실을 연 것에서 시작되었다. 그동안 의료 사건과 관련된 민사 소송을 수차례 진행했고, 최근에는 모 제약 회사에서 혈액으로 만든 제제가 에

:: 사무실에서 업무를 하고 있는 필자. 의료 소송은 지루한 증거 관계 공방 및 입증으로 다른 소송보다 어렵다고 한다.

이즈(AIDS)에 감염된 혈액을 사용하였다는 것을 이유로 제기한 소송에서 비록 일부이긴 하지만 1심에서 승소 판결을 받아 현재 항소심이 진행 중에 있다.

그러나 의료 소송 전문 변호사의 일이 의료 사건 소송에만 국한되는 것은 아니다. 의료 기관의 업무에 대한 자문까지 영역을 넓혀 다수의 병·의원과 고문 관계를 맺어 의료법 자문은 물론이고 고용, 계약 등의 자문까지 담당하기도 한다. 내가 속한 사무소에서는 한국의 모 대기업이 중국에 병원을 세우기 위하여 국내 의료 기관들(치과, 성형외과, 피부과 등)과 협정을 맺어 공동 투자 형식으로 중국에 중국 법인을 만들어 병원(북경 애강병원)을 설립하는 계약 단계에도 관여했고, 의사협회 등 각종 의료 단체의 자문이나 이사를 맡고 있다. 나름대로 의료 서비스 시장에서 법률 수요를 계속 창출해 가고 있다고 자부하지만 아직은 더욱 열심히 파이를 키워야 한다고 생각한다.

다른 변호사 사무소와 내가 근무하는 곳의 가장 큰 차이점이라면 전문 의료인을 채용하고 있다는 점이다. 의료 소송을 주로 담당하고 있으므로 이는 필수적이다.

현재 임상 경험이 있는 간호사 출신의 의료실장 3명이 상담 및 의료 사건 분석에 투입되고 있다. 의료 사건은 의료라는 전문적인 지식이 요구되므로 일반 변호사가 쉽게 접근할 수 없는 일종의 진입 장벽이 있다. 특히 1년에 1~2건 정도의 의료 사건을 위하여 전문 의료인을 채용하는 것은 사무실 운영 면에서 경제적 부담이 되므로 아직은 의료 사건을 표방하여 전문적으로 소송을 하는 법률사무소가 매우 한정적이다. 따라서 수임 대상이 전국적일 수밖에 없다. 지방 곳곳, 심지어 제주도에서도 소송이 진행되고 있어 자연히 변호사의 출장도 잦은 편이고 업무량도 매우 많다.

내가 변호사로 일한 지 아직 10년이 안 되었다. 선배 변호사 입장에서는 내가 어떤 분야의 전문가라며 글을 쓰는 것이 우습게 여겨질 수 있다. 주로 담당하는 사건이 의료 소송이기 때문에 전문 변호사라고 한다면 그렇게도 볼 수 있지만, 사건을 바라보는 안목이나 자세가 아직도 서투르기 때문에 수임한 사건의 수만으로 전문 변호사라고 내세울 일은 아니다.

변호사 업계도 경쟁이 치열해지고 있다. 나처럼 전관(판사나 검사로 재직하다 변호사가 된 사람)도 아니고 특별한 재능이 있는 것도 아닐 바에야 주어진 사건에 최선을 다하고 의뢰인의 편에서 정성을 다하는 것이 전문 변호사이기 이전에 변호사로서의 사명이 아닌가 한다.

억울함을 풀어 주고 고통을 덜어 주며

의료 사건은 다른 사건에 비해 더 어렵다. 판결이 나기까지 시간도 많이 걸리고 지루한 증거 관계 공방 및 입증 과정이 이어진다. 그러나 그 과정에서 의뢰인이 억울해 하는 상황을 풀어 주고 의뢰인이 당한 고통을 덜어 주는 데 보람을 느낀다.

의료 법률 서비스 시장은 개척해야 할 분야가 많다. 앞으로 이 분야에 뛰어들 후배들을 위해서라도 그저 사건에 안주하지 않고 더 넓은 시장을 개척하기 위한 노력도 병행해야 한다는 생각이 든다.

의료 사건을 통해 사람들이 살아온 흔적을 되짚어 가면서 과거에 있었던 일을 현실에 재현하고 판단을 받는 과정에서 사람과 사람의 관계를 다시 생각하게 된다. 그 안에서 변호사로서 나의 미력한 힘이 도움이 된다는 것에 만족한다. 앞으로도 나는 의료 소송 전문 변호사가 되기 위해 노력할 것이다.

03   특허 전문

산업 현장의
야전 사령관이 되어

| 최승재 |

1971년생. 1993년 서울대학교 독어교육과를 졸업하고 1996년 서울대학교 법과대학 대학원 석사 학위를 취득했다. 1997년 사법시험에 합격하고 2000년 사법연수원을 수료한 후 삼성SDI(주)에서 변호사로 일하고 있다. 2003년 세종-시라큐스 MBA, 2004년 미국 콜롬비아 로스쿨에서 LL.M(Master of Law)을 마쳤으며 지금은 서울대에서 박사 학위 논문을 준비 중이다. 변호사는 사람의 마음을 치료하는 사람이며, 의뢰인의 마음을 치료하기 위해서는 품성이든 지식이든 끊임없이 자신을 혁신해야 한다는 생각을 가지고 있다.

법조인으로서 내 마음의 고향은 내가 태어난 부산 '반송동'이다. 철거민들이 모이면서 시작된 잘살지 못하는 동네. 하지만 그곳에서 나는 가난과 불행이 결코 동의어가 아님을 배웠고, '체인의 강도는 그 체인의 가장 약한 곳의 강도와 같다.'는 말을 떠올리며 이들을 위해 내가 할 수 있는, 아니 해야 할 일이 무엇인지 고민하는 행운을 얻었다. 돈이 없어 초코파이를 불려 한 끼를 때우고, 신림동 언덕배기 중 가장 높은 곳에 위치한 고시원에서 살면서도 내가 불행하지 않았던 건 반송동 시절에 배운, 고난을 웃음으로 극복하는 용기와 꿈, 그리고 꿈을 이루어야 할 이유가 있었기 때문이다.

또 하나, 내겐 문학이 있다. 학부 시절 나는 법학도가 아닌 문학도였고, 부전공으로 법학을 공부하는 학생으로서 문학 강의가 하기 싫은

숙제처럼 느껴졌지만 지금에야 내가 들었던 문학 강의들이 내 삶을 얼마나 풍요롭게 했는지 깨닫곤 한다.

직업적인 성취를 위해 법학 석사를 마치고 현재 박사 과정을 밟고 있지만, 만약 그때 외국어와 문학을 공부하지 않았더라면 나는 어쩌면 오아시스 없는 사막을 여행하는 여행자처럼 낙타의 등에 업혀 어딘지도 모르는 길을 가고 있을지도 모르겠다. 사막이 아름다운 것은 오아시스가 있기 때문이다.

수동적 분쟁 해결자가 아닌 능동적 생산자로

1999년 미국 뉴욕에서 특허 변호사로서의 싹이 움텄다. 콜롬비아 로스쿨에서 통상법 연수를 하던 시절, 세계의 심장 맨해튼에서 보낸 시간은 내가 무엇으로 조국에 기여할 수 있을지 깊이 생각하는 계기가 되었다.

한국이 낳은 거목 박태준이 내게 준 화두, '짧은 인생을 영원한 조국에'라는 말을 가슴에 품고 난생 처음 비행기를 타고 뉴욕으로 갔다. 나는 생산적인 역할을 하는 변호사가 되고 싶었다. 수동적으로 분쟁을 해결하는 역할에 머무는 것이 아니라 조국을 위해 산업의 현장, 그 최전선에서 적극적으로 일하는 법조인이 되고 싶었다.

나는 남들이 가지 않는 길을 가기로 결심하고, 삼성에서 변호사로서의 삶을 시작했다. 변호사가 내게 주어진 유일한 길이라고 생각하진 않지만 내가 할 수 있는 선택 가운데 이 사회에 가장 많이 기여할 수 있는 직업 중 하나라는 생각에는 지금도 변함이 없다. 2003년 다시 돌아간 뉴욕 콜롬비아 로스쿨 LL.M(Master of Law, 법학 석사) 시절, 내 생각이 틀리지 않았음을 확인했다.

오늘날 특허는 모든 사업 분야의 주춧돌 역할을 한다. 개인적으로 MBA 공부도 했고 미국 로스쿨에서 학위도 마쳤지만, 그 어디에서든 '비즈니스 법률가(business lawyer)'는 기술의 발전 방향에 대한 이해와 지적 재산권의 중요성이 강조되는 추세에 대한 논의를 바탕으로 일을 해야 한다고 배웠다. 제조업 분야에서 새로 사업을 시작할 때 사업성을 분석하는 선행 조사에서 가장 우선적으로 고려해야 할 대상이자 중요한 목록 중 하나가 바로 기술이기 때문이다.

사업을 하려면 시장을 분석해야 한다. 이와 동시에 해당 사업에 관련된 특허 지도(문제가 되는 분야의 전체적인 특허 현황을 알 수 있도록 관련 특허들을 모아서 지도처럼 그리는 것으로 특허 맵patent map이라고도 한다.)를 작성함으로써 개발해 판매하려고 하는 제품에 사용될 특허를 분석하고, 예상되는 로열티를 산정하고, 길목을 지키고 있는 주요 특허권자들과의 협상 전략을 구상한다. 이런 작업은 시장성 분석 이상으로 중요한 의미를 가질 때가 많다. 때문에 특허 전문 변호사는 특허 전략가로서 어떤 전략으로, 어떤 패를 가지고 이미 특허로 진입 장벽을 치고 있는 상대를 협상 테이블로 끌어내어 유리한 결론으로 이끌어 나갈 것인지를 고민한다. 경쟁하지 않고 이기는 '블루 오션(blue ocean)'이 되는가, 경쟁의 피가 넘치는 '레드 오션(red ocean)'이 되는가 하는 갈림길에서 특허는 중요한 가늠자 역할을 한다.

좀 더 구체적인 예를 들어 보자. 만약 이 글의 독자가 새로운 사업을 한다고 가정하자. 시장에는 이미 같은 제품을 제조하고 있는 외국 회사가 있다. 이 회사는 10년 전부터 이 분야에 진출했지만 당시에는 시장이 충분히 성숙되지 않아 수익성이 그리 좋지 않았다. 그 회사의 기술은 10년 전부터 개발되었고, 오랜 기간 특허를 이용한 거미줄을 쳐 놓은 상태로 먹이가 걸려 거미줄이 흔들리는 순간을 노리고 있다. (거미는 거미줄이 흔들리는 미세한 감각을 놓치지 않는다.) 이제 시장이 커져 한국 회사(독자의 회사)가 시장에 진입하려고 하는데, 특허 장벽이 있어 시장 진입이 용이하지 않은 상황이다.

자, 어떻게 할 것인가. 변호사는 경쟁 회사의 특허를 무효로 만들어서 무력화시킬 수 있는지를 우선 검토한다. 무효성이 인정될 수 있도록 선행 특허도 조사하고, 때로는 이전에 사용을 한 사례나 문헌이 있는지 등을 마치 금광맥을 찾듯이 뒤진다. 그러면서 정제된 무기에 화약을 채우고, 전쟁터에 나갈 준비를 하는 것이다.

우리가 전쟁터로 가지고 갈 강력한 화력을 가진 특허가 없는지 살핀 후 공격적인 전략을 세울 수도 있다. 이 싸움에서 아군이 전사하는 것을 피하면서 상대방에게도 소송으로 가는 것이 바람직하지 않음을 주지시켜 조기에 좋은 방향으로 해결하기 위해서도 이러한 특허 무효성에 대한 검토는 필요하다.

이 싸움에서 변호사는 전략·전술을 고안하고 정제하는 역할을 한다. 기술자들의 병참 지원을 받아, 전선에서 준비된 화력을 총동원해 협상 테이블에 앉아서 상대방과 패싸움을 한다. 협상 테이블에서는 특허법에 대한 지식은 물론 온갖 협상 전술이 오간다. 이런 점에서 변호사는 산업 현장의 야전 사령관 역할을 한다. 만일 협상이 결렬되면 유명 호텔이 아닌 특허법원 준비절차실이나 캘리포니아 혹은 뉴욕의 한 법정에서 대리인들끼리 만나게 되겠지만.

비즈니스 변호사로 산다는 것은

CRT(브라운관), LCD(액정 패널), PDP(소위 벽걸이 TV), 또는 OLED(유기 발광 소자)와 같은 약자로 표시되는 영상 기기 제조업체(디스플레이 업체라고도 한다.) 쪽 일을 하다 보니 산업 동향에 대한 이야기를 하는 게 매우 자연스러워졌다. 반도체 기술 발전이 어쩌고, LCD에서 사용하는 백라이트(BLU)로 최근 LED(발광 다이오드)를 쓰는 것에 대해 이런저런 논의가 있다는 둥 기술 전문가들이나 할 법한, 전혀 법률적이지 않은 이야기를 자주 하는 내 모습을 발견한다. 이런 게 바로 비즈니스 변호사의 모습이다. 의뢰인은 자신의 언어로 변호사와 이야기하고 싶어 하므로, 의뢰인이 편하게 자신의 이야기를 털어놓을 수 있도록 하려면 변호사들은 의뢰인에게 익숙한 언어를 써야 하는 것이다.

회사를 만들고, 유상 증자를 하고, 회사를 청산하고, 회사를 합병하고, 조직 개편을 하면서 인력을 구조 조정하고, 사업을 재편하는 이러한 일련의 과정에 필요한 모든 의사 결정에서 나는 변호사로서 전략적인 판단을 제공한다. 우리가 가지고 있는 특허 풀(patent pool)은 이렇고, 시장 상황과 회사의 사업 모델을 고려하면 회사의 지배 구조는 이렇게 가는 것이 좋겠고, 재무적인 관점에서는 이런 구조를 만들면 좋겠다 등 전략적인 단계에서 법률가로서 필요한 조력을 다한다. 한마디로 회사의 역사와 함께하는 것이다.

재미있는 것은 내가 변호사 일을 시작하면서 만들었던 회사도 이러한 절차를 통해 세상에 태어나 자본금을 키웠고, 전략적 제휴를 통하여 개발된 제품을 영업 계약을 체결하여 판매했고, 필요한 특허 라이선스도 취득했으며, 결국 다른 회사와 합병하는 절차를 거쳤다는 것이다. 이런 과정을 겪으면서 나는 자식의 성장을 지켜보는 심정이었다. 회사가 발전할 땐 행복했고, 회사가 성장통을 겪을 땐 같이 아파했다. 제품 판매가 부진할 때에는 마치 내가 아픈 것처럼 힘들어 하며 현장으로 달려가 시장 상황과 제품 판매에 대한 상황을 공유하기도 했다.

한마디로 비즈니스 변호사는 의뢰인의 고민 상담자이자, 문제 해결을 돕는 컨설턴트이다. 회사가 만들어질 때부터 그 회사가 임종할 때까지 같이 호흡하며, 그 회사의 꿈을 공유하고, 같이 발전하는 동반자인 셈이다.

마음을 어루만지는 것이 먼저다

특허 침해를 주장하는 상대방의 경고장을 받을 때가 있다. 이럴 땐 의뢰인 측 담당자 및 기술자들과 함께 정말로 특허 침해인지 검토하고, 또 특허 침해라면 이것을 회피하여 우회할 수 있는 설계(흔히 design around라고 한다.)를 해서 침해를 피할 방법을 모색하며 방어적인 입장에 선다. 반대로 경고장을 작성해 상대방에게 우송하고 공격을 하는 입장에 서는 경우도 있다. 그 어떤 경우이든 제조업에서는 기본 특허의 경우 당해 특허의 존재 혹은 그 특허를 얼마나 유리한 조건으로 라이선스 받을 수 있는지에 따라 사업 성패가 좌우된다.

만일 명백한 특허 침해라면, 이를 회피할 수도 없고 당해 특허가 반드시 필요한 것이라면 라이선스 협상을 해야 한다. 이때는 로열티를 얼마나 줄이는지가 관건이다. 판매가의 10퍼센트 이상을 로열티로 지출

:: 관련 부서 사람들과 회의를 하고 있는 필자. 경영 전략의 관점에서 특허 전략이나 관련 법률이 검토되어야 하기 때문에 전사 경영 전략이 중요한 문제가 된다.

할 경우 사업성이 없다는 통념에 비추어 보면, 로열티 협상이 제대로 되지 않으면 아무리 좋은 아이템이라 하더라도 수익성이 없어서 사업을 포기하게 되는 상황이 온다. 그러니 그 일을 내게 맡긴 사람은 (개인 사업가이건, 대기업의 사업부를 담당하는 간부나 임원이건 간에) 아마 속이 숯덩이가 되어 있을 것이다.

의뢰인의 이런 심정을 생각한다면 내가 하는 일 중에 최선을 다하지 않고 쉽게 할 수 있는 일은 없다. 돈을 받고 하는 일이건, 돈을 받지 않는 가정법률상담소에서의 상담이건 마찬가지다.

나는 공익 활동의 일환으로 가정법률상담소에서 상담을 한다. 그곳에서 사람들을 만나며 내 삶을 돌아보고, 그 사람들에게 하는 조언이 사실은 내게 하는 훈계의 말이 되기도 한다.

이혼 상담을 하면서 나는 한 여자 분에게 "인생에서 사방이 온통 절망으로 둘러싸여 있는 것 같은 때가 있습니다. 그러나 그때에도 당신이 손만 내밀면 기꺼이 그 손을 잡고 함께 울어 줄 사람이 있을 것입니다."라고 말한 적이 있다. 어려웠던 시절, 내가 나에게 했던 말이다. 내 말 한마디가 의뢰인들에게 삶의 위안이 되고, 질척거리는 고뇌의 순간을 이길 수 있는 용기가 될 수 있으니, 말 한마디라도 어찌 가볍게 여길 수 있을까.

판사든 검사든 변호사든 법조인으로서 가져야 할 마음이 있다면 그건 바로 사람에 대한 사랑이라고 생각한다. 법조인이 만나는 사람들은 사회적 강자이든 약자이든 간에 모두 도움을 필요로 한다. 나는 일하면서 늘 사랑이라는 단어를 염두에 둔다. 변호사로 일하면서 의뢰인(혹은 의뢰 회사)들이 이 일에 얼마나 많은 귀한 인적·물적 자원을 사용하고 있으며, 이 일이 그들의 삶에, 개인의 역사에 얼마나 중요한 영향을 끼치게 될지 그 무게를 느끼려고 노력한다.

의뢰인은 모두 나의 스승이다. 산업 현장에서 함께 일을 하는 동료들도, 공익 상담 활동에서 만나는 분들도 모두 내가 사랑하고 존경하는 나의 스승이다.

요즘은 변호사들 스스로 직업인으로서 생계를 유지하는 데 더 무게를 두기도 한다. 우리 사회가 이러한 경향을 강요하는 것 같기도 하다. 그러나 나는 변호사라는 직업을 단순히 돈벌이 수단이라고 생각하는 순간 지식을 파는 삼류 장사치가 된다고 생각한다. 세상 모든 사람들이 변호사 역시 장사라고 해도, 변호사 수를 늘려서 장사치 마인드를 철저히 심어 주려고 해도 나는 알고 있다. 동료들보다 돈을 못 벌어도 『로마인 이야기』나 『이상한 나라의 앨리스』로 삶을 행복하게 만들 수 있는 방법을 알고 있다. 반송동의 가난한 삶을 경험했기에 그때보다 내가 얼마나 많이 가졌는지 생각하는 것만으로도 행복할 수 있다. 사법시험을 준비하면서 죽음의 공포를 느낄 만큼 힘든 좌절도 겪었기에 나는 내게 의지하려는 모든 이들에게 좌절이 아닌 도움의 손을 내밀려고 한다. 사람에 대한 애정을 돈과 바꿀 수 있다고 말할 만큼 충분한 이유는 없다. 이것이 내가 생각하는 변호사의 모습이다. 적어도 내게 변호사란 사람의 마음속 병을 치료하는 의사이다.

나로 인해 세상이 좀 더 나아지기를

어느 겨울 새벽, 적막한 회사 회의실. 기획팀, 재무팀, 영업팀의 간부 한 사람씩, 나를 포함해 네 사람이 화이트보드 하나 끼고 외국 소재 회사의 지분 인수에 따른 장단점에 대해 격렬하게 토론한 적이 있다. 주가 추이 그래프를 보면서 적절한 매수 타이밍이 언제인지, 지분 인수로 인한 위험 요인은 없는지, 기술적인 관점에서 그 회사의 능력은 어떤지에 이르기까지, 난방도 안 되는 회의실에서 추운 줄도 모르고 설전을 벌이던 그날을 기억한다.

그날의 의사 결정으로 매수한 지분이 엄청난 유·무형의 가치로 다가와 정말 잘 된, 제대로 된 결정이라고 평가받을 때 참 보람 있다. 숱하게 많았던 피곤한 상황들은 하얗게 잊고 다시 일에 미치는 동력이 된다.

이런 긴장과 기쁨이 매일 아침 나를 열광하게 한다. 뛰어넘어야 할 산이 있다는 것, 도전하는 설레임은 내가 아침 일찍 깨야 하는 충분한 이유가 된다.

만약 내가 이런 긴장감과 기쁨에서 멀어진다면 아마 무언가 다른 일을 해야 할 때이거나 어쩌면 현실에 안주했다는 뜻이 될지도 모르겠다. 아마 나는 멈추지 않고 계속 도전할 거라고 확신한다. 나에게 도전은 그 자체가 힘이기 때문이다. 휴일도 주말도 없이, 가끔은 밤을 지새우며 고민해야 할 과제들과 마주해도 나는 도전할 수 있어서 행복했다.

중국 법인 설립을 위해 중국을 갔을 때와 지금 중국의 모습은 많이 다르다. 나는 이렇게 달라진 중국을 보며 변호사로서 향후 전략적인 쟁점들을 생각한다. 많은 사람들이 PSV 에인트호벤의 박지성과 이영표 선수를 떠올리는 도시 에인트호벤을, 나는 영업 협상을 위해 간 도시로, 샌드위치로 점심을 때우며 아침 10시부터 저녁 10시까지 필립스 평판 디스플레이 구매사업팀장과 구매 계약 협상을 하던 장소로, 이틀간의 마라톤 협상이 끝난 늦은 밤 함께 갔던 영업팀 직원과 이름도 기억 못하는 과실주를 먹었던 곳으로 기억한다.

같은 도시를 두고 이처럼 다른 기억과 관점을 가지는 것에서 '내가 변호사로 일하고 있구나.' 깨닫지만, 출근길 버스로 지나치는 한강의 풍광을 바라보는 여유마저 없는 사람이 되어서는 안 된다고 다짐한다. 마음에 여유가 없으면 의뢰인을 받아들일 공간을 잃어버리게 되기 때문이다. 그래서 오늘도 나는 마음의 휴지통 비우기를 계속 한다.

앞으로도 의뢰인을 사랑으로 맞이하며 작은 도움이라도 주려고 노력할 것이다. 이를 통해 이 세상이 나로 인해 조금이라도 더 나아지기를 바란다. 그것이 이 세상에서 내가 성공했다는 징표가 될 것이기 때문이다.

무엇이 성공인가

자주 그리고 많이 웃는 것
현명한 이에게 존경을 받고
아이들에게서 사랑을 받는 것
정직한 비평가의 찬사를 듣고
친구의 배반을 참아 내는 것
아름다움을 식별할 줄 알며
다른 사람에게서 최선의 것을 발견하는 것
건강한 아이를 낳든
한 뙈기의 정원을 가꾸든
사회 환경을 개선하든
자기가 태어나기 전보다
세상을 조금이라도 살기 좋은 곳으로
만들어 놓고 떠나는 것
자신이 한때 이곳에 살았음으로 해서
단 한 사람의 인생이라도 행복해지는 것
이것이 진정한 성공이다.

— 랠프 월도 에머슨

특허 전문 변호사가 되려면?

콜롬비아 로스쿨에서 공부하던 시절, '과학 기술과 법 동아리(Technology & Law Society)'에서 주최한 선배들과의 대화에 참석한 적이 있다. 선배들이 차례로 나와 후배들에게 자신이 하고 있는 일을 설명하는 형식의 모임인데, 여기서 습득한 지식과 정보를 중심으로 특허 관련 업무와 특허 전문 변호사에 대해 설명해 보면 다음과 같다.

먼저 특허 일은 출원 업무, 소송을 담당하는 송무, 특허 라이선스, 이렇게 세 가지로 크게 나눌 수 있다. 미국의 로펌 중에는 출원과 송무를 함께 하는 곳도 있고, 출원 업무만 수행하는 곳도 있다. 또 출원 업무를 하면 송무로 연결될 가능성이 많으므로 도움이 되기도 하지만 많은 인력이 필요하고, 출원 업무를 함으로써 이익 상충(conflict of interest)이 발생할 가능성이 있어 정작 중요한 사건을 담당하지 못할 수도 있으므로 출원 업무를 하지 않는다는 전략을 세우는 로펌도 있다.

미국의 경우 출원은 미연방특허상표청(USPTO)에 등록한 특허출원인(patent agent)들에 의해 이루어지고, 우리나라와는 달리 변호사들만 소송을 수행한다. 라이선스의 경우에는 사내 변호사(in-house counsel)와 외부 변호사가 협력하여 진행하는 것이 일반적이다. 이 일은 회사의 특허 전략과 밀접한 연관을 가지고 있기 때문이다.

특허 전문 변호사들의 학부 전공은 (통념과는 달리) 반 이상이 인문학 전공이고 문학을 전공한 사람이 두각을 나타내는 일도 많다고 한다. '특허 명세서' 역시 법률 문서이고, 명세서 해석(Claim construction)도 법률 문장 해석의 문제로 모두 글을 다루기 때문이라고 한다. 물론 기술적인 배경 지식이 있으면 한발 앞서 갈 수 있지만, 그것이 전부가 아닌 이유는 특허법도 법이기 때문이다.

우리나라의 경우 변호사와 변리사가 특허와 관련된 일을 하고 있다. 또 출원과 소송 업무가 겹치고 있으며, 특허법원이라는 전문 법원이 설치되어 있는 등 특징적인 부분이 있다. (물론 이러한 현상이 타당한 것인지에 대해서는 의문이 있지만.)

특허 전문 변호사가 되려면 특허법원에서 판사로 일하면서 경력을 쌓는 것도 좋은 방법이고, 특허를 많이 다루는 법무법인(Law firm)에서 일하는 것도 좋다. 또 일반 기업의 사내 변호사가 되어 특허 관련 업무를 할 수도 있다. 현재 삼성, LG, SK 등 대기업을 포함한 국내 기업의 사내 변호사 채용이 점차 증가하는 추세에 있으며, 법원이나 검찰에서 영입되는 경우가 아니면 대부분 공채로 인재를 채용한다. 만약 특허 분야에 관심이 있다면 이런 공채에 응시하는 것도 도움이 될 것이다.

노동 문제 전문

약자를 위해, 노동자를 위해

| 이경우 |

1955년생. 1982년 제24회 사법시험에 합격하고 1983년 서울대학교 법과대학 법학과를 졸업했으며 1985년 사법연수원(14기)을 수료했다. '민주사회를 위한 변호사모임(민변)' 창립 멤버이며 민변 노동위원장으로 활동했다. 2003년 9월부터 지금까지 법무법인 '한울' 대표 변호사로 일하면서 중앙노동위원회 공익위원, 서울 중앙지방법원 조정위원(노동 분야)으로 활동하고 있다.

법조인을 꿈꾸기 시작한 것은 고등학교 재학 시절인 듯하다. 당시만 해도 1, 2학년 학생들은 거의 두세 개의 교외 서클에 가입하여 젊음을 만끽하고 있었다. 나 역시 영어 회화 클럽과 문예 클럽 등의 교외 서클과 향토봉사반(당시에는 새마을운동반이라고 불렀다.)이라는 교내 특별활동반에 가입해 활동했다.

향토봉사반은 여름 방학마다 시골 오지로 봉사 활동을 갔다. 서울 아이들이 시골 사정을 알 리가 없으니 이미 대학에 진학한 선배들이 봉사 활동 1개월 전부터 매주 두세 차례 학교에 와서 오리엔테이션을 하곤 했다. 내가 고등학생이었던 1970년대 중반, 대학가는 데모로 조용할 날이 없었던 때다. 선배들은 오리엔테이션 중간 중간에 현실 사회의 문제점과 사회의 모순에 대한 이야기를 들려주었고, 때로는 몇 권의 책을 주고 가곤 했다.

그때 선배들이 한 말 한마디 한마디가 그대로 뇌리에 박혔다. 그야말로 뼛속 깊이 스며들었다. 그렇게 나는 사회적 모순을 바로잡는 데 참여하는 것을 당위로 받아들였다. 한마디로 선배들의 언행과 취향이 나에게 그대로 전달된 것이다.

그 선배들은 대개 법학과나 정치외교학과를 다니고 있었고, 자연히 내 속에서 법학에 대한 흥미와 약자의 입장에서 세상을 살아야 한다는 순진한 생각이 자라기 시작했다. 당시 유행했던 문고판 책을 주머니에 넣고 다니며 소화도 되지 않은 상태로 사회과학 서적을 마구 읽었던 것 같다. 사회 의식이 싹트기 시작했고 법학을 공부해야겠다고 결심했다. 나의 진로나 인생관의 상당 부분이 그때 형성되지 않았나 싶다.

사법연수원을 수료한 후 바로 변호사가 되었다. '참여연대'를 창설한 박원순 변호사님과 함께 변호사 업무를 시작했다. 박원순 변호사님은 고등학교 선배이자 조영래 변호사님과 함께 활발한 공익 활동을 하는 변호사였다. (지금은 변호사 수도 엄청나게 늘었고 대한변호사협회를 비롯한 많은 변호사 단체가 있지만, 당시만 해도 변호사들이 공동의 목적으로 단체를 조직하여 활동하지는 않았던 것 같다.)

변호사 업무 초기엔 주어진 사건을 처리하는 데 골몰했다. 도무지 다른 것에 신경 쓸 여력이 없었다. 주어진 업무만 한다는 점에서 일용 노동자와 다를 것 없는 중노동이었다. 재판 시간에 맞추기 위해 서울의 4개 법원을 그야말로 뛰어다녔다. 서소문에 있는 서울지방법원에서 열리는 10시 재판을 마치고 바로 문래동에 있는 남부지원에 가서 11시 사건을 진행하고, 오후 2시 구의동에 있는 동부지원에서 증인 신문을 마치고 오후 4시 수원지방법원에서 열리는 재판에 참석하는 식이었다.

그러다 보니 재판 시간에 늦어 이미 재판이 끝난 경우도 있었다. 그럴 땐 판사실을 찾아가 사정을 했다. 어쩌다가 강원도 영월 등으로 재판을 하러 가는 날이면 그야말로 소풍을 가는 기분이었다. 하루에 단 한 건의 재판만 하고 돌아오면 되니 그렇게 여유로울 수가 없었다. 게다가 당사자가 여유 있는 사람이면 융숭한 대접까지 받을 수 있으니….

이렇게 수개월을 보내고 나니 사무실 분위기에도 익숙해졌다. 공익 소송 사건에도 눈을 뜨기 시작했으며, 말석에서 소위 시국 사건 변론에 관여할 기회도 생겼다. 고등학교 시절 선배들에게 들었던 이야기, 바로 그 사건들을 내가 직접 경험하고 처리해야 하는 상황이 된 것이다.

때론 법정이 아닌 거리에서

변호사는 그 직업적 활동 범위가 무한대에 가깝다. 사회가 존재하는 한 계약이나 법적인 문제가 관여되지 않는 곳이 없기 때문이다. 변호사의 기본 업무는 의뢰인으로부터 사건을 의뢰받아 법률적 의견서를 작성하고 법정에서 변론을 하는 것이다. 하지만 좀 더 시야를 넓히면 시대에 맞지 않거나 잘못된 법제 및 관행의 개혁, 사회 변혁 운동을 위한 이론적 뒷받침, 변혁 운동 과정에서 파생되는 법률적 쟁점의 해결 등 법정 밖에서도 변호사가 할 일은 많다.

또한 사회·경제적 제반 현상의 변화에 따라 부각되는 법률적 쟁점들도 많다. 새로운 상거래 형태의 발생, 공업 소유권을 비롯한 새로운 권리 보호의 필요성, 연예·레저 등 엔터테인먼트와 관련된 법률 문제의 발생 등으로 인해 갈수록 전문화된 법률적 소양이 요구된다.

이러한 점에서 보면 변호사가 해결해야 할 문제는 크게 두 가지로 나눌 수 있을 것 같다. 하나는 각 전문 분야에서 발생하는 법률 문제를 해결하는 것이고, 또 하나는 사회 구조적인 요인 등에 의해 묵인되어 온 불평등을 해소하고 현행 법제에서 무시되어 온 소수자나 약자의 권리 보호 문제를 해결하는 것이다. 전자의 문제를 해결하는 데 첨단 의학과 같은 전문적이고 정치한 이론 전개가 필요하다면, 후자의 문제를 해결하기 위해서는 사회적 약자나 소수자에 대한 접근이 우선적으로 필요하다. 그런데 사회적 약자나 소수자의 문제는 밖에서는 보이지 않으므로 적어도 그들을 이해해야 문제 해결 방안을 찾을 수 있다. 그렇기 때문에 이들에 대한 접근은 무엇보다 애정이 없으면 쉽지 않다.

1980년대 이후 우리 사회는 엄청난 변화를 겪었고, 변혁 운동의 상당 부분은 변호사들을 필요로 했다. 이런 사회적 의무를 마다하지 않은 변호사들을 사회는 '인권 변호사'라는 이름으로 불러 왔다.

법률 전문가로서 특정 분야에서 전문성을 발휘하고 있는 변호사와 소위 인권 변호사로 불리는 사람의 업무 내용은 상당히 다를 수밖에 없다. 물론 대부분의 변호사가 어느 정도는 양쪽 모두에 관여하고 있다. 그러나 세계관이나 변호사의 역할이라는 관점에서는 상당히 다른 인식을 가지고 있는 것 또한 사실이다. 특정 분야에서 전문성을 발휘하는 변호사와 인권 변호사 모두 사회가 필요로 하는 법률 전문가들이고, 우열의 가치 평가를 할 수는 없다. 각자의 의식과 희망, 가치 판단에 따라 주된 활동 분야를 정할 따름인 것이다.

세계 역사에 1970년대 후반부터 1990년대 초반의 한국만큼 역동적인 시기가 또 있을까. 박정희 대통령의 사망, 1980년 광주 학살, 광주의 봄, 이한열의 죽음, 6·29 선언, 강경대 치사 사건, 유서 대필 사건 등으로 점철된 역사적으로 가장 역동적인 이 시기, 인권 변호사들에게는 내일이 없을 정도로 바쁜 생활의 연속이었다. 구속된 피의자들을 만나고, 개폐되어야 할 법률을 찾아내어 악법 개폐 의견서를 만들고, 사회 변혁을 지향하는 각종 모임에 관여하며 그 논리적 정당성을 담아내고, 때로는 직접 거리로 나서서 정부의 독선적 행태와 잘못된 정책을 비판하며 악법 철폐 혹은 개선을 호소하기도 했다.

노동 변호사로 발을 딛다

1988년 8월 '민주사회를 위한 변호사모임(민변)'이라는 변호사 단체가 조직되었고, 51명의 변호사들이 창립 멤버로 참여했다. 문래동에 위치한 서울지방법원 남부지원 앞에서 변호사 사무실을 개업하고 있었던 나도 창립 회원으로 참여해 산업노동분과, 법제위원회 등에서 활동했다.

1980년대 후반, 노동 현장에서 파업과 구속이 줄을 이었다. 노동 현장에서는 노동법과 관련한 법률 수요가 엄청나게 증가했지만 정작 그들에게 필요한 적절한 상담자를 찾기는 힘들었다. 노동자들은 노동조합을 조직하는 방법도 몰랐고 조합의 조직, 쟁의 행위의 방법 및 절차 등에 대해 조언해 줄 사람도 없었다.

당시 노동법은 수출 드라이브 정책 속에서 허울에 불과했고 근로조건은 열악하기 짝이 없었다. 구로공단 인근에 사무실이 있던 지역적 특색으로 인하여 나는 자연히 많은 노동 관련 사건을 상담하고 처리해야 했다. (변호사로서 지금의 내 모습을 갖추기 시작한 것이 바로 이때

쯤이었을 것이다.)

　대학교 재학 당시 노동법에 특별한 관심을 갖지 않았던 나는 노동 관련 사건을 처리할 때마다 책에서 답을 구하느라 애를 먹었다. 지금이야 노동 문제를 전문적으로 취급하는 변호사들이 많이 있지만, 당시만 해도 불과 몇 명의 변호사만이 노동 문제에 관심을 가지고 있을 뿐이었다.

　이러한 상황에서 나는 자연스럽게 노동 문제 전문 변호사가 되어 갔다. 현장 노동자들이 노동법 강의를 요청하면 나는 전날 밤을 새워 노동 관련 서적을 정리해 강의를 하곤 했다. 그러면서 나는 점차 그들과 정서적으로 공유할 수 있게 되었다. 함께 밤을 지새우며 교육을 하고 토론을 하는 동안 노동자들의 절절한 사정은 조금씩 나의 것으로 다가왔다.

　1980년대 노동자들은 고도의 경제 성장이라는 그늘 아래 극심한 산업 재해에 시달렸다. 장시간 근로에 시달리고 효율성만 앞세운 불안전한 작업 시설에서 일하는 동안 노동자들은 손발이 잘려 나가고 척추에 질환을 얻었다. 한마디로 우리나라는 산재 왕국이라는 오명을 쓰고 있었다. 오직 생산성이 강조될 뿐 노동자들의 안전과 보건 위생은 사치스런 것으로 치부되었다. 치명적인 유기 용제가 별다른 규제 없이 사용되었고, 노동자들은 원인을 알 수 없는 질병에 시달렸다. 중대 재해를 입은 노동자의 경우 자신은 물론 한 가족이 모두 절망의 나락으로 떨어져야 했다. 이 같은 상황이 언제 끝날지 아무도 알 수 없었다.

　급기야 뜻있는 노동 활동가, 의사, 간호사, 변호사들이 '노동과 건강 연구회'라는 모임을 조직해 산업 재해 추방 운동을 벌여 나갔다. 이들은 산업 재해가 빈발하는 사업장의 노동조합과 연계하여 현장에서의

:: 원진 레이온 직업병 대책에 대한 한일 공동 세미나에 참석해 의견을 발표하고 있는 필자.

산업 재해 현황과 그 원인을 조사한 후, 그에 대한 대책을 마련하여 노동부 등 유관 기관에 개선책을 요구했다. 또 산업 재해를 입은 노동자들이 산업재해보상보험법에 따라 적절하게 보호를 받고 있는지 조사하고, 문제점이 발견될 경우 관계 기관에 그 대책을 촉구했다.

산업 재해를 사회 문제로 부각시키다

1987년, 당시 구리시에 있던 동양 최대의 레이온 생산 공장인 원진 레이온에서 발생한 이황화탄소 중독 재해 사건은 노동 운동사에 남을 만한 큰 사건이었다. 레이온 생산 과정에서 발생하는 이황화탄소(CS_2)는 인체에 치명적이다. 만약 중독되면 신경이 마비되고 뼈가 문드러져 관절이 마비되어 거동이 불가능해지고, 결국 전신 무력감에 빠져 시름시름 앓다가 죽는다. 더구나 이황화탄소 중독은 잠복기가 수년이라 재해를 입은 노동자는 과연 자신이 이황화탄소에 중독되어 위와 같은 질

병이 나타나는 것인지 알지 못했고, 결국 개인적으로 질병에 걸린 것으로 치부되어 어떠한 보상도 받지 못했다.

그러던 중 문○○ 군이 이황화탄소에 중독되어 입원 치료를 받다가 사망하는 사건이 발생했다. '노동과 건강 연구회'는 문 군의 질환이 레이온 공장의 작업 과정에서 발생하는 이황화탄소에 중독되어 생긴 것이고, 산업 재해이므로 산업재해보상보험법에 따른 요양이 이루어져야 한다고 주장했다. 물론 사용자와 노동부는 근거가 없다며 이를 거부했다. 그때까지 이황화탄소 중독이 업무상 재해로 인정된 사실이 없는 상황이었으므로 노동부의 태도는 완고했다. 결국 '노동과 건강 연구회'는 새로운 역사를 만드는 투쟁을 하지 않을 수 없었다. 항의와 방문 농성 등을 통해 작업 환경 조사가 이루어지게 되었고, 마침내 노동부는 문 군의 이황화탄소 중독을 업무상 재해로 인정했다.

그 후 레이온 공장의 노동자들에 대한 건강 검진이 실시되었다. 노동자의 대부분이 이황화탄소 중독 증상을 보였으며, 특히 장기 근속자는 그 증상이 실로 심각한 것으로 밝혀졌다.

이때부터 언론은 원진 레이온 사건을 크게 다루었다. 공장에서 발생하는 이황화탄소로 인하여 공장 주위의 철판이 녹아내릴 정도이며, 공장에서 뿜어 나오는 악취 역시 이황화탄소 때문이라는 것이 속속 확인되었다.

노동자들은 이황화탄소 중독이 평생 완치가 불가능한 질환이라는 사실을 알고는 더 이상 작업을 할 수가 없었다. 마침내 이들은 치료를 요구하며 전원 작업을 거부했고, 결국 국가적인 문제로 발전했다. 공장은 폐쇄되었고, 공장 매각 대금의 일부와 정부 예산을 확보하여 이황화탄소 질환자의 치료와 보상, 향후 관리 비용으로 사용하고, 환자들이

:: 1994년 일본 동경에서 열린 과로사 문제에 대한 한일 세미나에서 발제하고 있는 필자.

계속 치료와 관리를 받을 수 있도록 원진병원을 설립하기로 합의한 가운데 사건은 일단락되었다.

원진 레이온 사건은 우리나라 산업 정책에 충격을 던져 주었다. 고도 성장의 그늘 속에서 얼마나 많은 노동자들이 희생되어 왔는지를 여실히 보여 준 것이다.

1960년대에는 많은 수의 탄광 노동자들이 사고와 질병으로 희생되었다. 탄광 노동자의 진폐증에 대해서도 수많은 재판 과정을 거쳐 1980년대 중반에 이르러서야 어느 정도 보상이 이루어졌다. '노동과 건강 연구회'의 노력으로 노동조합에서도 산업 안전 보건의 중요성을 점차 인식하게 되어 산업 재해의 문제가 사회적으로 다루어지는 계기가 되었다.

그러나 장시간 노동과 불량한 작업 환경, 과로와 스트레스는 여전했다. 대부분의 노동자들은 만성 피로에 시달렸고, 영업 사원들은 연일 계속되는 업무상 과음으로 건강을 잃어 갔다. 건강하던 동료가 갑자기 사망하는 과로사(돌연사)가 빈발하였다. 과로와 스트레스 역시 더 이상 방치할 수 없는 문제였다. 1993년 '노동과 건강 연구회'의 대표였던 나는 일본의 과로사 전문 교수 및 변호사들과 함께 '노동과 건강에 관한 한일 세미나'를 개최했으며(우리나라에 과로사라는 개념을 최초로 소개하는 자리였다.), 과로사 상담 센터를 개설했다. 그 후 '과로사'라는 단어는 사회적으로 흔히 사용하는 말이 되었다.

그들의 절규에 마음을 다잡고

1990년대 중반부터 나는 민변 노동위원회 활동을 통해 노동 현장의 많은 문제를 접했다.

1997년 IMF 체제에 들어가면서 노동자들에게 정리 해고의 칼날이 겨누어졌다. 대부분의 사업장이 살아남기 위한 구조 조정(감원)에 들어간 것이다. 노동조합은 '일자리 나누기 운동'을 벌이면서 감원만이 능사가 아니라고 주장했지만 구조 조정을 막지는 못했다. 특히 대우그룹의 붕괴를 비롯해 재무 구조가 어려운 대기업이 순식간에 무너졌고, 쟁쟁한 기업들이 모두 매물로 나왔으며, '제값을 받기 위해서'라는 명분 아래 대량 감원은 계속되었다. 매각과 감원 대상이 된 기업의 노동자들은 매각 반대를 외치며 생존 투쟁에 돌입했다.

노동자들의 투쟁 현장에서, 혹은 그들이 투옥된 구치소를 찾아가 그들의 이야기를 듣는 것은 눈물겨운 일이었다.

"나에게 죄가 있다면 열심히 일한 죄밖에 없는데…."

"회사가 어려워진 것은 방만한 투자와 잘못된 경영 전략 때문인데 왜 잘못 없는 노동자만 밖으로 내쫓는가?"

그러나 그들의 절규는 메아리 없는 아우성에 불과했다. 오히려 회사는 이들의 파업으로 손해가 발생했다며 파업에 참여한 노동자들을 상대로 손해 배상을 청구하고 가압류를 함으로써 노동자들은 그나마 있던 주택이나 임대 보증금마저 회사에 내주고 거리로 나앉아야 할 판이었다. 절망에 빠진 노동자의 자살이 자주 신문 사회면을 장식하였다. 그러나 노동 변호사로서 할 수 있는 일은 그들의 절규를 들어 주는 것뿐이었다. 세미나, 토론회, 진상 조사, 기자 회견 등 갖가지 방법으로 문제를 제기했지만 토론회는 토론회로 끝날 뿐, 정책에 반영되는 것은 많지 않았다. 힘들고 고달픈 날들의 연속이었다.

지나간 추억은 아름답고 과거의 고달픔은 보람으로 기억되는 것인가? 변호사로서 나의 과거를 돌아보면 가장 힘들었던 이 시기가 제일 기억에 남는다. 그때 현장에서 만났던 많은 사람들은 순수한 정열로 이심전심 하나가 되었다. 모두 힘들었지만 "잘 살고 있냐?"는 한마디로 자신을 다시 추스르며 더 충실한 삶을 위해 노력하자고 다짐하곤 했다. 그때 만났던 사람들이 지금도 가장 보고 싶은 사람들이다.

원하는 변호사상, 스스로 만들자!

개인적으로 판사, 검사, 변호사 중에서도 변호사가 가장 좋은 직업이지 싶다. 그 이유는 자유업이기 때문이다. 한마디로 직업의 내용을 스스로 만들어 갈 수 있으므로 본인이 원하는 대로 변호사상을 만들

수 있다. 활동 분야가 다양할 뿐만 아니라 공익 활동을 하기에 가장 적절한 직업으로 사회로부터 성직으로 존경을 받을 수도 있는 것이다.

현대 사회는 갈수록 복잡해지고 있다. 복잡한 사회는 개인의 자유와 삶의 질을 압박한다. 전통적인 법률 문제부터 정보화에 따른 사생활 침해 문제, 환경의 오염과 파괴 등 사회는 계속 새로운 문제에 부딪히고 있다. 이런 문제를 해결하는 것은 결국 사회 각 구성원의 이해를 합리적으로 조정하고 통제할 수 있는 법률과 제도를 만드는 일로 귀결된다. 그리고 그에 가장 합당한 직업이 바로 변호사이다.

본래 성직자, 의사, 변호사라는 직업은 단순히 생계 수단만이 아니라 공익 수호라는 막중한 책임을 떠맡고 있는 것이다. 그래서 성직으로 불려졌다. 오늘날은 이 같은 의식이 많이 퇴색되어 버렸지만, 그래도 사회가 유지될 수 있는 건 누군가 소리 없이 이런 일을 하고 있기 때문이 아닐까?

05　　　　　　　　　　　　　　　　　　엔터테인먼트 전문

문화 산업의
언저리에서

| 표종록 |

1971년생. 1994년 고려대학교 법학과 졸업했다. 1999년 제41회 사법시험에 합격하고 2002년 사법연수원 (31기)를 수료했다. 현재 법무법인 '신우'에서 구성원 변호사로 근무하고 있으며 서울예술대학 외래 교수로 활동하고 있다. (블로그 http://blog.naver.com/jr74)

사법연수원을 수료하고 로펌에 취직하기 위해 여러 곳에 지원을 했는데 다행히도 몇 군데에서 제안을 받았다. 최종적으로 두 회사로 추렸지만 어디로 가야 할지 매우 고민스러웠다. A 로펌은 월급이 평균 이상이었지만 대표 변호사가 소속 변호사(로펌은 고용인인 구성원 변호사와 피고용인인 소속 변호사로 나뉜다. 대략 5년에서 7년 정도 일하면서 능력을 인정받은 소속 변호사는 구성원 변호사로 영입된다.)들을 일요일에도 나와서 일하라고 독려하는, 소위 '심하게 부려먹는' 곳이었다. 반면 B 로펌은 구성원 대부분이 기독교인들로 한 식구처럼 화목하게 지내는 곳이지만 월급이 업계에서 가장 낮은 편이었다. 두 로펌의 월급 차이는 150만 원이었다. 당시 '돈'에 한이 맺힌 나로서는 그 차이가 매우 크게 느껴졌다.

나는 과외 등으로 생활비를 벌어 가면서 사법시험을 준비했다. 여름엔 영양실조, 겨울엔 추위로 고생했으며(점퍼를 입고 자야 했다.), 심장 수술 한번 받아 보지 못한 채 돌아가신 아버지에 대한 죄책감과 돈 때문에 늘 고민하는 어머니에 대한 안타까움이 공존하고 있었다.

'월 150만 원이라…, 1년이면 자동차 한 대 값인데…. 이 돈만 있으면 연수원 시절 진 빚을 빨리 갚을 수 있을 거야. 분위기가 좋으면 얼마나 좋겠어, 어차피 월급쟁이인데….'라는 생각에 나는 A 로펌으로 결정할 뻔했다.

그러나 나는 결국 B 로펌인 법무법인 CHL(현재 내가 근무하고 있는 법무법인 '신우'의 전신)에 입사했다. 내가 이곳을 선택한 것은 "당장 거머쥐는 돈보다는 5년 뒤의 당신의 모습을 생각할 때 CHL이 좋을 것 같다."는 아내의 권유와, "가장 중요한 선택의 순간에는 항상 돈을 빼고 생각한다."는 안철수 사장님의 말이 떠올랐기 때문이다. 돈을 빼고 생각하면 CHL이 백배 천배 좋았다.

지금은 그때 나의 선택이야말로 내 생애에서 가장 잘 한 선택 중 하나라고 생각한다. 내가 좋아하는 엔터테인먼트와 지적 재산권 분야의 일을 마음껏 할 수 있게 되었기 때문이다. 게다가 내가 취직한 그해부터 일이 많아지면서 월급이 1년에 두 번이나 올라 다른 로펌에 뒤지지 않게 되었다. 뜻밖에 돈 문제까지 순조롭게 해결된 것이다. 만일 내가 월 150만 원 때문에 다른 곳에 취직을 했다면 지금 나는 이 글을 쓰고 있지 못했을 것이다.

준비된 자(?)에게 온 기회

처음 로펌에 입사했을 때, 나는 노동팀에 배속되어 노동 관련 사건을 처리하고 있었다. 그러던 어느 날, 당시 기획 변호사님이었던 이일우 변호사님(현재 법무법인 신우의 대표 변호사)이 모 연예인이 사건을 의뢰하러 온다는 말을 하셨다. 내가 그 연예인이 출연한 영화를 비롯해서 개인 신상 정보를 줄줄 말하자 "표 변호사는 공부는 안하고 만날 영화만 보나? 그렇게 좋아하는 연예인이면 같이 상담하지 뭐."하며 상담에 참여시켰다. 상담 후 내가 이 사건을 처리하게 되면서 본격적으로 엔터테인먼트 분야의 일을 전담하기 시작했다. 우연히 찾아온 기회가 나의 진로를 바꾼 것이다.

내가 연예인에 대한 정보를 꿰뚫고 있는 데는 그만한 이유가 있다. 법대에 진학하지 않으면 학비와 생활비를 안 보내 주시겠다던 아버지의 협박만 없었더라면, 내가 조금만 더 용기가 있었더라면, 아마도 나는 법대 근처에도 가지 않았을 것이다. 나는 음악을 좋아해 점심을 굶으면서까지 LP판을 샀고, 그룹을 결성하고 방송실에서 몰래 노래를 녹음하기도 했다. 드라마를 워낙 좋아해서 아줌마 같다는 얘기도 많이 들었고, 영화평 쓰는 재미에 일주일에 한 번은 영화를 보았다. 게임은 사법시험 하루 전까지 할 정도로 광적이었다. (최근에는 대한항공 여행 사진 공모전에서 디지털카메라 부문 대상을 수상하기도 했다.)

엔터테인먼트 관련 종사자들을 만나 대화를 나누다 보면 소싯적에 놀았던 경험(?)이 이들을 이해하는 데 상당한 도움이 되었다. 대부분 '이런 변호사는 처음 봤다.'는 식의 반응을 보였으며(물론 긍정적인 의미에서), 다분히 비법조인적인 내 소양이 오히려 엔터테인먼트 분야 종사자들에게는 '자신을 이해해 줄 수 있는 사람'으로 느껴지고 있다는 것을 깨달았다. 이처럼 나도 모르게 엔터테인먼트 전문 변호사로서 제대로 된 준비를 하고 있었던 것이다. 가끔 '조금 더 빨리 시험에 합격했으면 좋았을 텐데….' 하는 생각이 들 때마다 나는 이 사실을 환기하면서 지금 내 모습에 감사한다.

만남은 사람을 변화시키고 성숙하게 한다. 어떤 사람을 만나느냐가 그 사람의 운명을 좌우한다고 해도 과언이 아니다. 좋은 만남을 위해 날마다 기도하는 이유도 여기에 있다. 내가 젊은 나이에 이 분야에서 그나마 명함이나 내밀 수 있게 된 것은 순전히 이러한 좋은 만남이 있었기 때문이다.

이일우 대표 변호사님은 내가 엔터테인먼트 분야에서 활동할 수 있도록 하는 데 가장 결정적인 역할을 하신 분이다. 예전에 모 로펌에 지원했을 때 그곳 대표 변호사님은 최종 면접에서 "우리 로펌은 상상력이 풍부한 사람은 필요 없고 악착같이 일하는 사람을 원한다. 변호사한테 도대체 상상력이 왜 필요하냐. 그런데 표 시보(사법연수생을 부르는 호칭)는 악착같이 일하기보다 인생을 즐기며 사는 스타일 아닌가?"라고 물었다. 나는 "그렇다."고 대답했고 면접에서 떨어졌다.

그런데 이 대표님은 오히려 나의 비법조인적인 모습을 보고 나를 채용하였으며 이러한 면을 계속 개발하도록 독려해 주셨다. 또한 당신의 경력 관리에 도움이 될 만한 좋은 사건들이 있어도 "이런 일 맡아서 언론에 얼굴 나가면 너무 많은 여자 팬이 생겨 불편하다."는 어설픈(?) 핑계를 대며, 언제나 나를 전면에 내세워 내가 이 분야에서 성장할 수 있도록 배려해 주셨다.

엔터테인먼트 분야는 특히 만남이 중요하다. 이 분야는 조금 폐쇄

적이라 만남을 통해 서로 간에 깊은 신뢰가 구축되지 않으면 사건 자체가 들어오지 않기 때문이다. 우리 로펌이 ('내가'가 아닌 '우리 로펌이'란 표현을 쓴 이유는, 모든 일이 우리 로펌에 소속된 모든 변호사들의 끈끈한 팀워크가 있기에 가능하기 때문이다.) 엔터테인먼트 분야에서 두각을 드러낼 수 있었던 비결은 무엇보다도 이 분야에서 탁월한 실력과 인품을 가진 분들과의 좋은 만남이 있었기 때문이며, 이분들이 우리들에게 맹목에 가까운 애정과 신뢰를 보내 주었기 때문이라고 생각한다.

말 한마디 한마디가 살얼음

엔터테인먼트 분야에서 일한다고 하면 사람들은 이구동성으로 이렇게 묻는다.

"연예인 많이 만나죠? 친한 연예인은 누구예요?"

그러나 연예인을 직접 대면하는 일은 많지 않고 대개는 매니저나 실무자와 접촉을 한다. 더군다나 우리 로펌은 개개 연예인을 대리하는 일보다는 문화 산업과 관련된 거시적인 일을 많이 하고 있기 때문에 연예인들을 만날 기회는 생각보다 많지 않다. (그렇다고 실망할 것까진 없다. VIP 시사회에 초대받아 연예인들을 한자리에서 볼 경우가 제법 있고, 새로운 음반이 나올 때 친필 사인 CD를 받거나 콘서트 등에 초청받는 경우도 종종 있으니 말이다.)

엔터테인먼트 분야 종사자들은 밤낮의 구별이 없다. 한마디로 신속하게 일한다. 그러다 보니 뜬금없는 시간에 전화를 해서 법률 자문을 요청하는 일이 많다. 예를 들면 밤늦게 또는 새벽에, 가끔은 토요일이나 일요일에도 전화를 해서 "변호사님…, 죄송한데요, 오전 중으로 계약을 해야 하니 지금 계약서 좀 검토해 주실 수 있나요?"라는 부탁을 하곤 한다. 그럴 때마다 '내 인생도 참 피곤하다.' 싶다가도 오죽 급하면 이 시간에 부탁하겠는가 싶어 서둘러 계약서 등을 검토해 주곤 한다. 이처럼 급박한 자문 요청으로 마음이 늘 분주하다. 만일 내가 이 분야와 이 분야의 종사자들을 좋아하지 않았다면 벌써 이 일을 그만두었을 것이다.

엔터테인먼트 관련 사건은 언론의 관심을 받는 경우가 많다. 때문에 말 한마디 한마디도 신경 써서 해야 한다. 내용을 공개할 것인지 여부, 공개할 경우 어디까지 공개할 것인지를 신중하게 결정해야 한다. (우리 로펌의 경우 의뢰인의 요청이 없는 한 절대로 내용을 공개하지 않는다는 것이 원칙이다.)

일단 언론의 관심을 받는 사건을 수임하면 하루에도 수십 통씩 전화가 걸려 온다. 나는 가능하면 똑같이 반복되는 질문에도 성심성의껏 대답해 주려고 애쓴다. 나의 말 한마디에 따라 내 의뢰인에 대한 평가가 달라질 수 있기 때문이다.

엔터테인먼트 분야는 발전 속도가 매우 빠르다. 이를 따라잡기 위해서는 부단히 공부해야 한다. 이 분야 종사자들은 자신이 즐겨 쓰는 용어와 현재 고민하고 있는 내용에 무지한 변호사를 결코 '자신의 편'이라고 생각하지 않기 때문이다.

최근 엔터테인먼트 시장의 규모가 커지면서 이해관계의 대립이 많아졌고, 이로 인해 변호사의 도움을 요청하는 경우도 부쩍 늘었다. 그래서 밤늦게 퇴근하는 피곤한 날의 연속이지만, 그래도 우리나라 엔터테인먼트 산업의 성장을 함께 느끼고 비록 문화 산업의 언저리에서나마 이들을 조금이나마 도울 수 있다는 사실이 너무 기쁘다.

2005년 여름부터는 서울예술대학에서 '법과 엔터테인먼트'란 교양 과목을 가르치고 있다. 엔터테인먼트 산업의 주축이 될 이들과 함께 고민하고 대화하는 시간을 가질 수 있다는 사실에 감사한다. 이런 귀한 시간들이 내게 많이 주어졌으면 좋겠다.

기억에 남는 사건

그리 길지 않은 변호사 생활이지만, 기억에 남는 사건들이 제법 많은 것 같다. 그 중 공개가 가능한 사건 몇 가지만 소개하고자 한다.

이정현의 〈와〉 표절 사건

2002년 월드컵, 한국과 이탈리아의 경기로 인해 이탈리아에 대한 국민적 반감이 커졌을 때이다. 이탈리아의 한 음반 회사가 가수 이정현의 〈와〉라는 곡을 표절했다는 사실이 알려지면서 이탈리아에 대한 반감이 온통 이 사건으로 쏠리게 되었다. 우리는 이 사건을 수임해 곧바로 밀라노로 날아갔다. (지금에서야 하는 말이지만, 서른 살이 될 때까지 비행기를 타 본 적이 없는 나로서는 '비행기'를 타고 유럽에 처음 가 본다는 사실 때문에 너무나 흥분되어 사건에 대한 부담감도 잊었던 것 같다.)

이탈리아 음반 회사가 사과 공문과 함께 일정 금액을 우리에게 전달하는 것으로 사건은 잘 마무리되었다. 이 사건을 통해 나는 엔터테인

:: 이탈리아 음반 회사에서 이정현의 〈와〉를 표절한 사건을 해결하기 위해 밀라노로 간 필자. 두오모 광장 앞에서 한 컷.

먼트 변호사의 업무 영역이 세계적으로 확대될 수 있다는 사실을 알게 되었고, 그 후 틈만 나면 외국으로 나가 문화 산업의 흐름을 배우려고 노력하고 있다.

벅스 뮤직 사건

음악 스트리밍 서비스를 제공하는 벅스 뮤직이 저작권 침해로 형사 고소와 서비스 금지 가처분을 당하게 되었을 때, 우리는 벅스 뮤직을 대리했다. 벅스 뮤직 박성훈 대표에게 구속 영장이 청구되던 날, 나는 박 대표님과 함께 유치장에 들어가 영장 실질 심사 결과(검찰이 법원에 구속 영장을 청구할 경우, 법원은 피의자의 요청에 의해 법관이 피의자를 심문한 후 구속 영장 발부 여부를 결정하는데, 이를 영장 실질 심사 제도라고 한다. 피의자는 실질 심사 후 그 결과가 나올 때까지 경찰서 유치장에 구금된다.)를 기다리면서 참 많은 얘기를 나누었다. 다행히 영장 청구는 기각이 되었으며, 경찰서에 모여 있던 일행은 모두 열렬히 환호했었다.

문제는 서비스 금지 가처분 신청을 해결하는 것인데, 스트리밍 서비스가 법적으로 문제가 된 것은 전 세계적으로 우리나라가 최초였기 때문에 참고할 판례나 논문이 전무했다. 별의별 아이디어를 다 짜내어 대응을 했지만, 결국 서비스 금지 가처분은 인용되고 말았다. 우리가 절대적으로 불리하다는 것은 알고 있었지만, 막상 가처분이 인용되고 나니 너무 허탈해서 한동안 아무 일도 할 수 없었다. 내 실력이 많이 부족하다는 것을 다시 한 번 깨닫게 한 사건이었다.

영화 〈귀신이 산다〉 소송 사건

한 소설가가 영화 〈귀신이 산다〉가 자신의 소설을 표절하였다는 이유로 영화 상영 금지 가처분을 제기한 사건이 있었다. 가처분 사건의 경우 신속성을 요하기 때문에 통상적으로 신청서를 접수받은 날로부터 일주일 내에 답변서를 제출해야 하는데, 나는 닷새 안에 두 권으로 된 소설과 시나리오를 다 분석한 뒤에 신청인의 주장을 반박하는 답변서를 써 내느라 며칠 동안 밤을 새워 일해야 했다. 두 작품을 면밀히 검토하여 왜 두 작품이 실질적으로 유사하지 않은지를 분석해 내는 것은 매우 까다롭고 어려운 일이었다.

결국 저작권 침해가 아니라는 판결을 받아 영화는 무사히 상영될 수 있었다. VIP 시사회에 초대받았을 때 '법률 자문 : 표종록'이라는 크레디트 타이틀을 보는 순간, 마음이 뿌듯했다.

소송만이 능사는 아니다

한 연예인이 한순간의 잘못으로 인해 대다수의 국민들로부터 비난을 받은 적이 있다. 그는 나와의 첫 미팅 때 "있는 그대로 잘못을 고백하고 국민들에게 사죄하고 싶다."고 말했고, 나 역시 "잘못을 했을 때 가장 좋은 해결책은 잘못을 솔직하게 시인하는 것"이라며 그를 격려했다. 경찰서에 같이 출두하는 날, 나는 기자들의 플래시 세례가 그 어떤 것보다 더 공포스러울 수 있다는 것을 알았다.

사건이 종료된 후, 그에게서 전화가 걸려 왔다.

"변호사님, 그동안 감사했다는 말씀 드리려고 전화했습니다. 좋지 않은 일로 심려 많이 끼쳐 드려 죄송하고…, 다음에는 꼭 좋은 일로 찾아뵐 수 있도록 하겠습니다."

예전부터 그의 착한 심성을 잘 알고 있던 나로서는 비록 자초한 고난일지라도 그마저도 값진 연단(鍊鍛)의 기회가 될 수 있기를 간절히 기원했다.

이런 일도 있었다. 상대방 측이 기자 회견을 통해 우리 의뢰인을 대대적으로 비난했다. 우리 의뢰인은 이로 인해 매우 큰 상처를 받았고, 나는 첫 미팅 때 그를 위로하는 데 많은 시간을 소요해야 했다. 나는 그와의 면담 후 "소송하면 우리가 반드시 이긴다. 그러나 진정으로 승리하고 싶다면 소송할 생각을 하지 말라."고 권유했다. 변호사가 소송을 하지 말라고 하니 처음에는 다소 황당해 했지만 그는 곧 내 말의 취지를 이해하고 상대방과 적극적으로 협상하기 시작했다. 한편 나는 언론과의 인터뷰를 통해 왜 상대방의 주장이 부당한지 따지며 조목조목 대응했다. 사건 발생 일주일 후, 대부분의 네티즌들이 상대방 측을 비난하는 등 전세는 완전히 역전되었고, 결국 우리가 기대했던 것보다도 훨씬 빨리 합의를 하여 사건은 잘 마무리되었다.

    사건이 종료된 후 그는 나에게 "나이도 젊은데 어떻게 그리 사태의 흐름을 잘 파악하고 조율하느냐."며 칭찬을 아끼지 않았고, 지금은 사소한 문제가 생겨도 연락을 해 온다. 소송만이 능사는 아니라는 것을 다시 한 번 각인한 계기가 되었다.

5장

더 나은 법조인의 세계

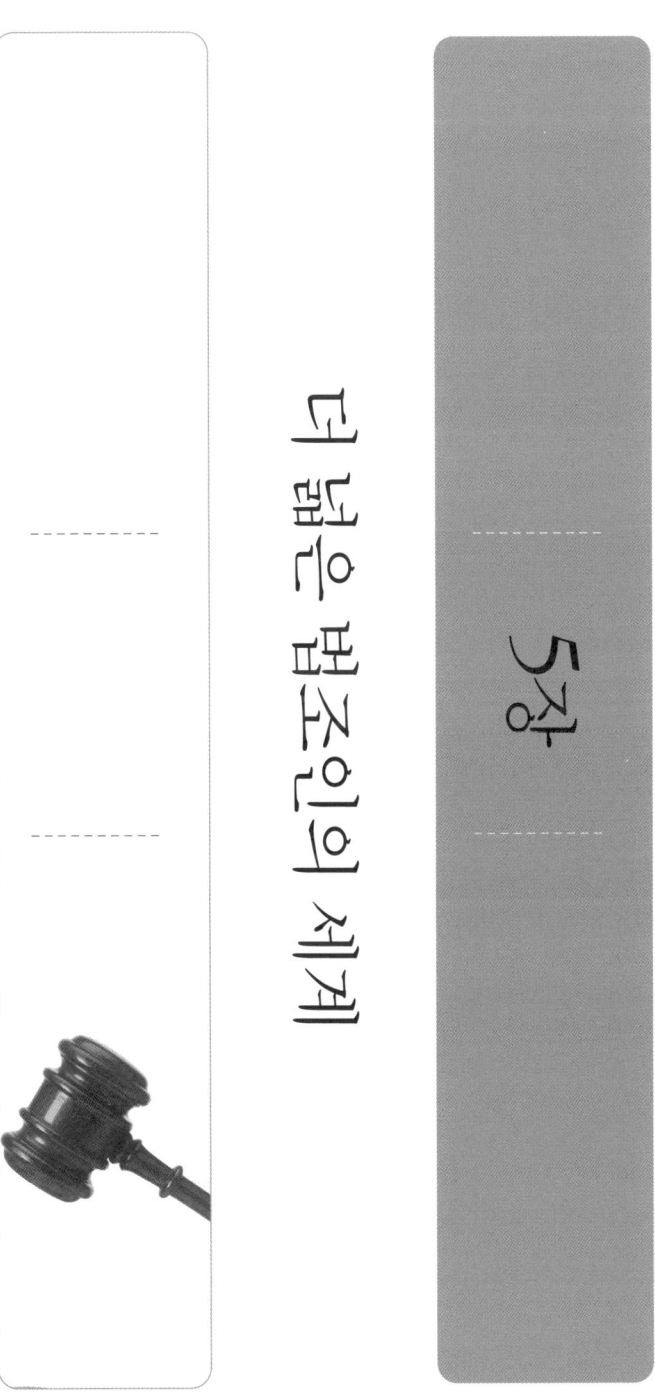

01 시민 단체 활동 변호사

'법'을 무기로 옳다고 생각하는 일에 덤비다

| 김진 |

1972년생. 1995년 서울대학교 공법학과를 졸업하고 1996년 제38회 사법시험에 합격했다. '민주사회를 위한 변호사모임' 회원이며, 참여연대 작은권리찾기운동본부 실행위원으로 활동하고 있다. 1999년 법무법인 '시민'에서 변호사 일을 시작했고 2004년부터 지금까지 법률사무소 '이안'에서 세 사람의 동료와 함께 일하고 있다.

"그거, 진짜 그런지 어쩐지, 한번 보러 가 봅시다."

일은 재판장님이 툭 하고 던진 그 한마디에서 시작되었다. 경찰이 노조원들을 진압하기 위해 어두운 곳에서 썼다는 '섬광탄'에 화재의 위험이 있느냐 없느냐를 다투고 있을 때였다. 화상을 입은 노조원들은 섬광탄이 터지면서 커튼과 카펫을 태웠다고 주장했고, 경찰 측에서는 노조원들이 어둠을 밝히려고 불을 피웠기 때문에 화상을 입은 거라고 주장했다.

경찰 측에서 너무도 자신 있게 그러자고 해서 경찰특공대 훈련장에서 섬광탄을 던져 보기로 했다. 그러니까 사법 사상 최초의 '섬광탄 폭파 검증'이었던 셈이다.

촬영을 위해 인터넷 방송 기자에게 연락하여 동행하기로 했다. 토요일 아침, 경찰특공대 훈련장을 찾았다. 부대 앞에서 베레모를 쓴 '특공 포돌이'가 윙크하는 간판을 볼 때만 해도 '경찰에서 그렇게 자신 있게 말하는 걸 보면 정말 불이 날 위험은 없는 게 아닐까? 화력이 있다고 해도 어떻게 던지는지에 따라 얼마든지 불이 안 붙게 할 수도 있을 텐데…. 내가 던질 수 있는 것도 아니니 분명 안 터질 거야.'라고 생각하고 있었다. 그래도 새까만 특공대 복장의 경찰관들 숲을 지나, 드라마에서만 보던 경찰특공대 훈련장에 난생 처음 간다는 사실 자체는 무척 재미나고 조금 설레기도 했지만.

섬광탄의 겉모습과 성능에 관해 간단한 설명을 들은 후 곧바로 사격·폭파 연습장으로 향했다. 2미터 정도 깊이로 땅을 판 후 몇 개의 공간으로 나누고 그 안에 책상, 의자, 마네킹, 그리고 약간의 종이를 넣어 두었다.

곧바로 문제의 섬광탄을 던져 넣었다. 수류탄을 던지듯 핀을 빼어 5미터 정도 앞에 슬쩍 던졌더니 듣던 대로 아주 밝은 불빛이 나고 파편이 튀어 올랐다. 그러더니…, 종이에 불이 붙기 시작했다. 너무나도 활활. 종이를 다 태우고 의자에 불이 옮겨 붙으려고 해서, 옆에서 구경을 하던 경찰관들이 내려가 불을 꺼야 할 정도였다.

"불이… 잘 붙는군요."

재판장님의 이 한마디로 검증이 모두 끝났다.

재판 결과는? 진압 과정에서 화상을 입은 노조원들은 1인당 100만 원에서 500만 원의 위자료를 받을 수 있었다. (임신 중이거나 장애를 가진 사람이 가장 많은 위자료를 받았다.) 그 폭파 검증으로 섬광탄이 옷이나 헝겊 등 타기 쉬운 물건에는 불을 붙인다는 점이 명백해졌다. 자리에 함께 있던 한 판사님이 섬광탄이 폭발할 때 튄 파편으로 인해

팔에 상처까지 입었다고 하니, 당연한 일이었던 셈이다.

그 사건은 비정규직 근로자의 정규직화를 요구하며 파업 중이던 롯데호텔 노조 조합원들이 주도한 국가 배상 사건이었다. 당시 노조의 파업이 불법이었기 때문에 파업을 진압하기 위해 공권력이 행사되었고, 그 과정에서 입은 부상은 불법 파업으로 인한 것이라며 아무런 조치도 취해지지 않은 상태였다. 파업 이후 간부들은 징계당하고, 비정규직 조합원들은 계약이 해지되어 회사를 떠나야 하는 등 힘들었던 조합원들에게 국가 배상 사건의 승소 소식이 작으나마 위로가 되었다고 한다. 그리고 날마다 재판정에서 혼나고, 선배 변호사들에게 깨지고, 고객들에게는 원망만 듣던 신참 변호사는 정말 재미나고 값진 경험을 했다.

롯데호텔 사건만이 아니다. 길지 않은 기간이었지만 운 좋게도, 옳다고 생각하는 일에 '법'이라는 무기를 들고 덤빌 수 있고, 어려운 싸움으로 지친 사람들 편에 설 기회를 종종 얻었다. 주민등록번호가 똑같은 다른 사람 때문에 신용 불량자로 몰려 곤란을 겪은 사람의 사건 덕에 우리나라에 주민등록번호가 똑같은 사람이 수백 명이나 있다는 것도 알게 되었고, 불법 체류자라는 신분 때문에 제때 치료를 받지 못하고 사망한 미얀마 노동자의 젊은 아내에게 유족 보상금을 찾아 줄 수 있었으며, 투표소가 3층에 설치되어 있어 선거권을 포기해야 했던 지체 장애인이 국가 배상 사건을 통해 자신의 권리를 확인받는 일에 이름을 걸 수 있었다. 갑자기 집 옆에 들어선 비행장 활주로 때문에 피해를 입고 있던 사람들과 함께 그동안 당연한 것으로 알고 감수하던 비행기 소음에 대해 돈으로라도 배상받아야 한다는 판결을 받아 냈고, 신용 정보를 조회한다며 대출 정보를 받아 유출시킨 보험 회사를 상대로 쉽지 않은 싸움도 하고 있다. 항상 신나게 이길 수 있는 일만 하는 건 아니지만, 남들이 하기 어려운 경험을 접한 셈이다.

그저 작은 힘을 보태고 싶다는 '꿈'

대학 졸업 후 특별한 사회 경험 없이 사법연수원을 거쳐 곧바로 변호사의 길로 뛰어든 내가, 어떻게 이런 경험들을 할 수 있었던가. 나는 어쩌다 이 길로 들어섰는지.

예전보다 많이 덜해졌다고는 하지만 우리 사회는 여전히 사법시험 합격자에게 비교적 많은 선택의 가능성을 준다. 나 역시 그러한 선택의 순간이 있었다.

처음 변호사가 되겠다고 했을 때, 부모님을 비롯한 주위 어른들과 사법연수원 선배들은 법원이나 검찰에서 경험을 쌓거나 대형 로펌에서 일을 배울 것을 권했다. 일을 배우고 경험을 쌓은 다음 하고 싶은 일을 해도 늦지 않다는 것이 그 이유였다.

솔직히 내게도 그런 걱정이 없지는 않았다. 고등학교 때에는 잘생긴 외국 남자와 국제 결혼을 하고 싶었던 조금은 엉뚱한 아이였고, 대학 때에도 학생 운동에 열심이거나 '이런 변호사가 되어야겠다.'는 확고한 상이 있는 것도 아니었으며, 친·인척이나 고등학교 동창 같은 인맥이 빵빵해서 사건 수임에 대한 걱정이 전혀 없을 주제도 못 되었다.

그러나 처음부터 내가 해낼 수 있고, 하면서 행복할 수 있는 곳에서 출발해 차근차근 앞으로 나아가고 싶다는 생각에서 시작하니 답은 의외로 간단했다.

판사나 검사가 되는 것은 워낙 막중한 책임이 뒤따르는 일이라 경험을 쌓기 위해 할 일이 아닌 것 같았고, 대형 로펌 역시 '전문성을 갖춘 일류 변호사 한번 해 보자.'는 것 외에는 스스로를 설득시킬 명분도 없었다.

세상을 바꾸어 보겠다는 거창한 것까지는 아니었지만, 조금씩 좋은 방향으로 만들어 가는 데 작은 힘이라도 보태고 싶다는 생각이었다. 아니, 그 역시 어떻게 하면 그렇게 된다는 구체적인 그림도 없는 상태였으니 '생각'이라기보다는 '꿈' 정도라고 해야 할까.

때마침 '참여연대'와 같은 시민 단체에서는 입법이나 재판을 통한 사회 운동을 활발하게 전개하고 있었다. 그동안 주로 시국 사건에 대한 변론을 하며 민주화 운동에서 중요한 역할을 해 왔던 변호사 단체 '민주사회를 위한 변호사모임(민변)'도 공익 소송의 활성화를 통한 제도 개선이나 다수 피해자 구제에 본격적으로 나서겠다고 한 시점이었다.

사법연수원 실무 수습 동안 서툴지만 열심히 해 보겠다는 열의를 좋게 보셨는지, 그런 활동에 적극적이었던 선배님들이 꾸리고 있던 법무법인 '시민'에서 일을 시작할 수 있었다. 각종 시국 사건에 대한 변론과 망월동 수재(水災) 사건 등 공익 소송으로 이름 높은 고 조영래 변호사님이 처음 만들고, 고영구·윤종현·김선수·박주현·한택근·김석연·김도형 변호사님 등 활발한 사회 운동 참여로 이름 높은 선배들이 그 전통을 이어 가고 있는 곳이다.

'시민'이라는 든든한 울타리 속에서 나는 변호사로서 배워야 할 기본적인 것들을 배웠다. 서면을 쓰고 변론을 하는 기술적인 것에서부터, 사건을 접했을 때 어디서부터 어떻게 문제를 풀어 나가야 하는지를 고민하고 끈기 있게 길을 찾아가는 근성 등 변호사에게 가장 중요한 것들을 익혔다. 이것들은 유능한 변호사가 되기 위해서뿐 아니라 여러 사람들의 이해관계가 복잡하게 얽힌 사회적 문제를 해결하는 데 가장 중요한 것이었다.

무엇보다 선배들은 일을 배운다는 핑계로 내 시야와 활동을 사무실 안에 가두지 않도록 넘치는 배려를 해 주었다. 민변에서 변호사들이 힘을 모아 할 수 있는 일을 배울 수 있었고, 참여연대 같은 시민 단체의 일, 유익한 토론회나 강연회 모두 중요한 외부 활동이라며 전폭적인 지원을 해 주었다. 지금 생각하면 정말 분에 넘치는 출발이었던 셈이다.

이러한 배려와 지원에 힘입어 변호사가 된 첫해부터 민변에서는 주로 노동위원회와 국가보안법 연구 모임 등에서 활동하고, 참여연대에서는 '작은권리찾기운동본부' 실행위원으로 관여하기 시작했다.

먼지 쌓인 법전 위로 사람의 체온을 느끼며

이쯤에서 하나 고백할 게 있다. 솔직히 '일을 한다.'고는 하지만, 외부 공익 단체들과 관련된 일을 하느라 보내는 시간이 얼마나 되는지를 생각해 보면 부끄럽기 그지없다. 하나의 단체나 영역에서 전업 활동가로 나서는 변호사들도 점점 늘어나고 있는 추세를 감안하면, 나처럼 일반적인 변호사 업무를 처리하면서 때때로 사회 단체에 관여하는 사람이 시민 운동을 언급한다는 것 자체가 우습기도 하다. (어느 선배는 일상의 10분의 1 정도만 공익적인 활동을 한다고 해도 굉장한 것이라고 했는데, 정말 그 말이 맞는 것 같다.)

그러나 무모하게도 나는, 전부를 불사를 수 없다고 해서 아예 외면하는 것보다는 할 수 있는 만큼 하는 것이 훨씬 낫고, 무리해서 쏟아

:: '민주사회를 위한 변호사모임(민변)' 회원으로 국가보안법
철폐를 요구하며 국회 앞에서 1인 시위를 하고 있는 필자.

붓고 탈진하는 것보다는 자신이 할 수 있는 만큼씩만 하면서 꾸준히 가는 편이 낫다고 믿어 버린다. 이런 내 모습도 누군가에게는 현실적인 대안이 될 수 있을 테니까. 처음부터 100퍼센트가 아니었던 만큼, 100퍼센트가 못 된다고 그만둘 이유가 없다. 게다가 내가 투여한 시간이나 기여한 것에 비해 민변과 참여연대에서의 일들은 훨씬 더 많은 것을 가져다 주었다는 점을 생각하면 뻔뻔하지만 계속 매달릴 수밖에 없다. 무엇보다 사무실에서 문을 잠그고 밤새 일만 했더라면 결코 만날 수 없었을 사람들과 경험들을 만났다.

　머릿속에서만 목소리 높여 '없애라.'고 했던 국가보안법 관련 사건을 맡으면서 "저는 한총련(한국대학총학생회연합) 소속으로 있던 시간들을 사랑해요. 왜 그런 단체를 부정해야 해요?"라며 울먹이던 여학생으로부터 이 법의 가장 큰 문제점을 배웠다. 소음 피해 검증을 나갔던 김포의 농가에서 지붕 위를 스칠 것처럼 지나가 순간 섬뜩한 느낌을 주었던 거대한 비행기 동체를 보면서 사람들이 왜 싸움을 시작하는지 알 수 있었다.

3층에 설치된 투표소 때문에 참정권을 포기해야 했던 지체 장애인 사건도 잊을 수 없다. 참여연대와 '장애우권익문제연구소'가 함께한 국가 배상 소송이었는데, 별다른 증거가 없었기에 본인 신문을 하기로 했다. 의사 전달이 제대로 안 되지는 않을까, 추운 날씨에 몸에 이상이라도 있으면 어쩌나 노심초사했던 나와는 달리, 정작 본인은 상대방 변호사나 재판장님의 질문에 너무나도 적절한 답변을 하여 내 선입견을 부끄럽게 했다. 특히 상대편 변호사가 "실제 투표를 할 생각은 있었느냐, 있었다면 누구를 찍으려고 했었느냐?"라고 물었을 때, 전혀 당황하지 않고 "비밀 투표가 원칙인데 그걸 여기서 말해야 하느냐?"고 되물어 법정에 있던 모두에게 유머 섞인 꾸지람을 던져 주었다.

시민 단체를 통해 할 수 있는 일은 재판만이 아니다. 입법 운동 또한 매우 흥미로운 경험이다. 선배들과 며칠을 머리를 맞대고 만든 법안을 가지고 공청회나 토론회를 거쳐 국회의원이나 보좌관들을 찾아다니며 이야기를 했고, 물론 부족한 점이 많았지만 실제 법률이 통과라도 될라치면 무언가를 해냈다는 뿌듯함으로 가슴이 벅찼다. 그런 과정을 거치며 잠자고 있던 법전 속 조문들이 꿈틀꿈틀 살아 움직이고, 먼지 쌓인 법전 위로 사람들의 체온이 느껴지기 시작한다.

이렇게 시민 단체에서 의뢰하는 사건이나 입법 운동은 수백만 원의 수임료를 받는 수억 원짜리 사건과 비교하면 사건의 규모도 작고(예를 들어 지체 장애인의 선거권 침해 소송에서 대법원이 인정한 금액은 50만 원이다.) 정교하고 세련된 법적 논리도 없다고 볼 수도 있다. 그래서 엄청난 규모의 인수·합병(M&A) 거래를 성사시키고, 국가 경제의 중요한 일들에도 관여하는 친구들 중에는 "그런 일은 언제라도 마음만 먹으면 할 수 있으니 더 크고 전문적인 일을 해 봐야 하지 않겠느냐?"

고 충고를 하는 녀석들도 종종 있다. 그럴 때 나는 "비싼 외제 승용차를 잘 모는 사람이 있는가 하면, 버스 노선이나 지하철 노선, 그리고 3호선에서 2호선을 갈아탈 때에는 전철의 어느 부분에서 타야 빨리 가는지를 잘 아는 사람도 있어야 하지 않겠냐? 나는 그런 전문가가 될 거다."라며 눙치곤 한다.

소위 '돈 안 되는 사건'이 왔을 때는, '대학에서 등록금 수백만 원을 내고도 배울 수 없었던 일을 몸소 체험하는 데 수업료도 없이 공짜라니!'라는 생각으로 욕심을 내기도 한다. 단순히 변명이나 자기 암시가 아니라 진심으로 말이다.

이 일만 하면서 먹고살 수 있도록

단체에서 의뢰하는 일은 공짜 사건이거나 실비만 받으면서 해야 하는 경우가 많다. 그러나 찾아오는 모든 '돈 안 되는 사건'을 저렴한 비용으로, 또는 무료로 하지는 못한다. 변호사 보수나 재판 비용은 일반 사람들에게는 엄청난 금액이어서 대부분의 사람들은 '어려운 처지'를 호소하게 마련이다. 이렇게 '어려운 처지'를 호소하는 사람들에게 나는 "적정한 보수를 지급해서 제가 이런 사건들만 열심히 해도 사무실을 유지할 수 있게 해 달라."며 수임료를 단 한 푼도 깎아 주지 않겠다고 할 때도 많다. 대신 깎일 것을 예상해서 괜히 높은 수임료를 요구하지도 않는다.

사회 단체 사람들은 "어떻게 그럴 수 있느냐!"며 눈을 흘기기도 한다. 그러나 나는 할 수 있는 최선을 다하겠으니 자료집이나 현수막을

찍을 때 비용을 지불하는 것처럼 내 시간과 노력에도 적절한 보수를 지급해 달라고, 오히려 떼를 써 이해를 받으려고 애쓴다.

물론 모든 일이 좋게만 풀리는 것은 아니었다. 상식적인 선에서 승소할 수 있다고 생각해 시작했다가 패소하거나 엉망이 된 사건도 많고, 참여연대나 시민 단체의 이름을 자신에게 유리한 쪽으로 이용만 하려는 사람들도 꽤 있다. 능력도 모자라 정작 할 일도 제대로 못하면서 딴 일 한다고 설치며 다닌다고 손가락질을 받은 적도 있다. 무엇보다 돈 벌겠다고 사무실을 내고 앉아서 돈은 돈대로 벌려고 하면서도 공익적인 활동을 한다는 것은, 그 입장과 시선을 정하는 것부터 쉽지 않고, 내 능력과 선의가 여기까지인지도 모르겠다며 한숨을 쉬게 되는 날도 많다.

그렇지만 다시 또 '어떤 법률가가 되겠느냐?'는 선택의 기회가 주어진다면, 조금 더 고민은 하겠지만 비슷한 길로 들어서지 않을까 싶다. 때때로 나의 불성실함과 무능력을 탓해 보기는 했지만 아직까지는 크게 후회한 적이 없기 때문이다.

생각해 보면 내가 이나마 사람이 된 것은 모두 세상으로 열린 창을 가지게 된 덕분인데, 그 창은 다름 아닌 사회 단체들과 그들의 운동을 통해 만난 사람들이다. 그러니 다시 이런 기회가 주어진다면 당연히 덥석 받을 수밖에.

새로운 길을 떠나는 사람들, 그리고 다시 갈림길에 선 사람들은 누구나 이정표를 찾게 마련인 것 같다. 친절한 안내자라면 더 좋을 것이다. 새로 직업을 선택하거나 직업의 장에 들어온 사람들도 길을 제시해 줄 누군가, 그 중에서도 그 사람이 사는 것만 보고 그대로 따라 하면 될 것 같은 '롤 모델(role model)'을 바라게 되는데, 길지 않은 시간을 걸어온 나도 그렇다. 『히치하이커를 위한 안내서』 같은 가이드북을 원하고, 누군가 "백마 타고 오는 초인"이 있어 "이렇게 살면 된다."고 길을 제시해 주길 지금도 기다리고 있다.

그러나 잠시 멈춰 되돌아보면, 길지 않은 시간 동안 너무나 많은 안내자들을 만난 듯도 하다. 이미 스스로의 자리에서 법이 필요한 곳에, 그 도움을 필요로 하는 사람들 곁에 서 있었던 많은 선배 변호사들이 있었고, 우리 사회가 어떤 길로 나아가야 하는지를 고민하는 사람들이 각자의 영역에서 힘쓰고 있었다. 다행히 많은 사람들이 시민 사회의 곳곳에서 열정적인 자세로 일하고 있어서 변호사로서 내가 가지고 있는 힘을 보태기만 하면 되는 경우가 많다. 사회를 험한 곳으로 만드는 데에도 그렇지만, 조금은 더 살 만한 곳으로 바꾸는 데에 법만큼 유용한 도구는 드문 편인데, 우연히 그 도구를 만난 것 자체가 이미 멋진 가이드를 얻은 셈이다.

손만 내밀면, 어깨만 걸면

작년 가을, 나는 3명의 멋진 동료들과 새로운 사무실을 열었다. 나를 제외한 나머지 세 사람 모두 민변이나 시민 단체, 다른 지역 운동 단체들과 밀접한 관계를 가지고 있고, 그 열정과 바지런으로 보면 나와 비할 바가 아니다. 이들 역시 나에게는 든든한 안내자들이다.

학교 운동장이 내려다 보이는 외진 골목에 있는 우리들의 새 둥지 이름은 법률사무소 '이안'이다. 지난해 여름에 크게 유행했던 TV 드라마 〈파리의 연인〉에서 배우 이동건이 김정은에게 하는 대사 "이 안에

너 있다."에서 따온 이름이다. 꿈보다 해몽이라고 "이 안에 세상을 내면[裏]의 눈[眼]으로 보는 우리가 있다. 모두 이 안으로 들어와 이전과는 다른[異] 편안함[安]을 느끼라."는 우리들의 바람을 담은 것이다.

사람들은 누가 돈을 벌어 사무실을 유지할 수 있겠느냐며 걱정이 많지만, 정작 우리들은 별 걱정이 없다. 문만 열고 나가면, 손만 내밀면, 어깨만 걸면 되기 때문이다. 함께 꾸는 꿈은 현실이 된다고 하니, 꿈꾸는 일만 해도 어디인가.

기업 소속 변호사

나는 2년차 회사원이다!

| 권순기 |

1977년생. 2002년 제44회 사법시험에 합격하고 2003년 고려대학교 법학과를 졸업했다. 2005년 2월부터 현재까지 한화그룹 법무실에서 일하고 있다.

오전 6시 30분. 일어나야 하는데 눈은 떠지지 않고 몸은 움직이지 않는다. 회사를 다닌 지 1년이 넘었는데도 여전히 그렇다. 대학 1학년 때부터 2005년 1월 사법연수원을 수료할 때까지 약 7~8년간 오전 10시에서 정오 사이에 일어났던 나의 생체 리듬을 변화시키기가 참 힘들다.

출근 시간은 아침 8시. 이게 웬 날벼락인가? 개인 변호사 사무실이나 로펌에 취업한 연수원 동기들의 출근 시간이 오전 10시 안팎이라는 걸 익히 알고 있는 나는, 기상 시간이면 기업 변호사로 진로를 결정한 것이 잘못된 선택이 아닌가 하는 후회가 가끔 스쳐 지나가곤 한다.

연수원 시절, 진로에 대해 고민할 때 연수원에서 같이 생활을 했던 형들(물론 지금은 모두 판사, 검사, 변호사로 바쁜 2년차를 보내고 있다.)은 입을 모아 이렇게 조언했다.

"기업 변호사는 아직 아닌 것 같아. 돈도 많이 못 벌고 사내 법률 상담만 하다가 시간 낭비 하기 십상이야. 소송에 대한 트레이닝도 제대로 못해서 나중에 개인 변호사 사무실 내는 것도 어려울 거고…. 순기 너는 아직 나이가 어리니까 로펌에 들어가는 게 낫지 않겠니?"

내가 연수생이던 시절만 해도 우리나라에서는 기업 변호사는 생소할 뿐더러 회사 내 자리 매김도 확실하지 않을 것이라는 인식이 팽배해 예비 법조인들에게 별로 인기 없는 직역이었다. 그러나 나는 내 한계에 대한 비교적 냉철한 판단과 앞으로 법률 시장이 급변할 것이라는 무모한 예측을 근거로 기업에 취업하는 것이 최고는 아니라도 최선의 선택이라고 확신했다. 기상 시간이면 가끔씩 드는 철없는 후회를 제외하고는 아직까지 그 확신이 틀리지 않았다고 생각한다.

변호사들이 기하급수적으로 늘고 있는 상황에서 나는 수임 경쟁에서 이길 자신이 없었다. 윤리 경영, 준법 경영이 강조되는 추세이므로 기업 역시 변호사들을 많이 필요로 할 것이며, 그만큼 회사 내에서 변호사들의 위상이 올라갈 것이라고 생각했다. 대한민국 굴지의 그룹에서 향후 몇 년간 변호사를 수백 명 더 채용할 것이라는 언론 보도, 그리고 현재 각 기업들이 법무실을 확장하고 있는 경향에 비추어 볼 때 내 판단은 틀리지 않은 것 같다.

스페셜리스트(specialist)? 제너럴리스트(generalist)?

법률적으로 문제가 발생하면 사람들은 변호사 사무실을 찾는다. 무죄 변론을 해 달라, 빌려 준 돈을 받아 달라, 이혼하고 싶다, 이유는 가지가지다.

기업도 마찬가지이다. 기업을 경영하다 보면 수많은 공장을 짓고, 수많은 계약을 체결하게 된다. 기업에서 행하는 일은 개인의 법률 행위보다 훨씬 복잡하고 규모도 커서 관련 법률과 상관있는 사람들도 매우 많고 분쟁의 소지도 훨씬 커지게 마련이다. 이럴 때 기업은 법률적 위험을 줄이기 위해 로펌 등 외부 변호사들의 도움을 받는다. 다만 비용 규모가 상당하여 모든 사안이 아닌 주요 사안들에 대해서만 변호사의 도움을 받을 수밖에 없었다.

그러나 사회가 복잡해질수록 회사에서 처리하는 대부분의 일들이 법률을 위반할 가능성이 커지고, 그에 따라 큰 사안이든 작은 사안이든 변호사의 도움이 필요하게 되었다. 이에 기업은 법률 비용을 줄이기 위해 회사 내부에 변호사를 고용하게 된 것이다.

기업 변호사(회사 소속 변호사)는 회사가 경영 활동을 함에 있어 법률적 위험에 대해 사전 혹은 사후에 검토하는 역할을 한다. 혹 큰 사안이어서 외부의 로펌 변호사를 이용하는 경우라 해도 기업 변호사의 역할은 크다. 기업 변호사가 회사 측 입장을 충실히 반영하고 있어 로펌 변호사들과 좀 더 긴밀한 협조 관계를 유지할 수 있기에 업무를 효율적으로 처리할 수 있게 된 것이다.

"권 변호사, 영업부에서 대여금 약정 계약서를 검토해 달라고 하니 검토하고 의견서 좀 써 줘."

"공장 설비를 매도하려고 하는데 어떤 절차를 거쳐야 하는지 한번 알아봐 주실래요?"

"다른 회사 주식을 매수하려고 하는데 공정거래법이나 금융 관련

∷ 증권거래법 해설서를 보고 있는 필자. 회사 내 다양한 부서 사람들에게 필요한 법률적 조언을 하기 위해서는 수시로 관련 법률을 뒤지고 확인해야 한다.

법률에 저촉되는 사항이 없는지 확인 좀 해 줘."

입사한 후 지금까지 검토 의뢰를 받았던 사안 중의 일부이다. 수많은 사안 중에 의뢰한 사람들에게 바로 대답해 줄 수 있는 것은 거의 없었다. 아무리 책을 찾고 연구를 해도 100퍼센트 확신을 갖고 답을 해 준 경우도 그리 많지 않았다.

'나보고 어쩌라는 얘기야. 사법시험 공부할 때는 소위 육법전서만 공부했고, 사법연수원 다닐 때는 공소장 쓰는 방법, 판결문 쓰는 방법 등을 주로 공부했는데…. 큰일 났다! 특정 법률 분야(예를 들어 지적재산권 분야)만 담당하면 집중적으로 연구해서 훨씬 양질의 법률 서비스를 제공할 수 있을 텐데….'

대부분의 회사 사람들은 '변호사=법률 만능가'라고 생각하며 아주 다양한 분야를 정말 다양하게도 물어본다. 기업이라는 조직이 워낙 방대하여 관련 법률이 다양하기 때문에 나타나는, 한편으로는 당연한 현상이긴 하지만….

이러한 기업 사정에 비추어 볼 때, 훌륭한 기업 변호사란 기업 경영 활동과 관련이 있는 여러 법률을 최대한 폭넓게 알고 다양한 분야의 법률 서비스를 제공할 수 있는 제너럴리스트(generalist)라고 할 수 있다. 나 역시 기업이 소속 변호사에게 요구하는 바를 이미 간파하였던 터라 공정거래법, 지적 재산권법, 증권거래법, 회사법 등 최대한 많은 법률을 공부하려고 욕심을 내곤 했다.

그러나 회사에 들어온 지 1년도 안 된 시점에서 문제가 발생했다. 나 혼자 기업 경영 활동과 관련된 모든 법률을 완벽히 공부하여 외부 로펌 변호사를 능가하는 법률 서비스를 제공한다는 것은 불가능에 가까운 일이라는 것을 깨닫게 된 것이다. 그렇게 뛰어나다는 국내 유명 로펌 변호사들조차도 중요 법률을 모두 다루지 않고 특정 분야와 관련된 법률만 공부하고 그 부분에 대한 일을 전문적으로 처리하고 있는 이유를 알 것 같았다.

그렇다면 나도 로펌 변호사들처럼 특정 법률 분야만 연구하고 처리하는 스페셜리스트(specialist)가 되기 위해 노력해야 할까? 회사 내부 사정을 고려하면 이는 쉽지 않을 것 같다. 기업 활동과 관련이 있는 법률은 매우 다양한 반면 법무실 조직은 아직 그 규모가 크지 않아(몇몇 기업을 제외하고는 대부분의 국내 기업이 같은 사정일 것이다.) 법무실 구성원이 특정 법률 분야만을 특화하여 처리하는 것은 현실적으로 어렵다. 다시 말해 기업 경영 활동과 관련이 있는 중요 법률을 폭넓게 알아야 하는 제너럴리스트가 되어야 하는 것이다.

그러나 앞으로는 조금씩 달라질 것이다. 우리 회사 법무실 인원이 점점 많아질 것이고, 일반적인 사회 흐름이 제너럴리스트보다는 스페셜리스트를 요구하고 있는 것을 고려할 때 나 역시 전문 분야를 계발해야 할 것이다. 이제 2년차라 우선 기업 관련 법률을 두루 알아야 하는 것이 급선무이겠지만….

일은 적고 시간 여유는 많다고?

"저, 권순기 변호사라고 하는데요, 박 변호사님 계십니까?"
"재판하러 법원 가셨는데요."

법률 자문을 구하기 위해 혹은 안부를 묻기 위해 변호사 사무실에서 근무하고 있는 연수원 동기들에게 전화를 걸었을 때, 담당 비서와 주로 나누는 대화 내용이다.

그만큼 변호사 사무실에 있는 변호사들은 이 법원 저 법원 돌아다니며 소송을 수행하고, 또 그에 따라 소송 관련 서면을 작성하는 업무를 주로 한다. (대형 로펌 소속 변호사들은 그 양상이 많이 다를 것으로 예상되지만….) 일반인의 입장에서는 변호사가 법원을 수시로 드나드는 것이 어쩌면 당연한 일인지도 모르겠다.

그러나 나는 그렇지가 않다. 회사에 입사한 후 내가 소송을 대리한 것은 단 한 건에 불과하다. 그만큼 기업 변호사가 하는 일 중에 소송을 수행하는 일은 별로 없다. 만약 법률 분쟁이 발생하여 회사를 당사자로 한 소송이 있더라도 주로 외부 로펌이 소송을 수행하고, 기업 소속 변호사는 외부 로펌과 유기적인 협조 관계를 맺고 소송 전반을 아우르는 역할을 한다.

이렇게 소송을 수행할 기회가 적다 보니 '재판에 대해서는 아무것도 모르는 반쪽짜리 변호사가 되지 않을까.' 하는 걱정이 드는 것도 사실이다. 하지만 어차피 사람의 능력에는 한계가 있고, 소송을 수행하는 대신 기업에 대한 이해를 폭넓게 할 수 있다는 점에서 그다지 나쁘지 않은 것 같다.

지난 5월, 스승의 날에 즈음하여 연수원 동기들과 함께 연수원 교수님들을 뵈러 갔다. 그때 교수님이나 연수원 동기들이 나를 보며 농담조로 이런 말을 했다.

"권 과장, 매일 신문 다섯 개씩 본다며?"

"일주일에 5일만 출근한다며?"

"시간당 급여가 우리들 중에 가장 높다며?"

법조인의 입장에서 볼 때 기업 변호사라는 직역은 한마디로 일은 적고 시간적 여유는 많은 부류로 여겨지고 있다. 적어도 아직까지는 이러한 인식이 그리 틀린 것이라고 볼 수는 없다. 대형 로펌으로 진출한 변호사들은 맡은 일을 정해진 기한 내에 처리하기 위해 토요일, 일요일 할 것 없이 출근해야 하며, 판·검사와 개인 사무실 소속 변호사들도 야근을 밥 먹듯이 한다. 반면 나를 비롯한 기업 변호사들은 정시에 퇴근하고 주말에는 확실하게 쉬는 경우가 대부분이다. 어쩌면 시간적 여유 때문에 입사한 변호사들도 적지 않을 것이고, 그 점에 있어서는 나 역시 예외가 아니다.

그러나 상황은 점차 변하고 있다. 우리 회사만 봐도 그렇다. 나보다 능력이 뛰어나고 경험이 많은 변호사들이 충원되어 법무 업무를 담당할 인력이 늘어났음에도 불구하고 법무실에서 처리해야 하는 일들은 그 이상으로 늘어나고 있다. 또 법무실에 대한 다른 부서의 의존도 역시 커지고 있다.

예전에는 회사 경영에 있어 문제가 발생했을 때 수습하는 것이 주요 업무였다면, 지금은 회사의 정책을 결정할 때 법률에 위배될 위험은 없는지 미리 예측하는 방식으로 일을 추진하고 있다. 즉 다른 부서와 유기적인 협조 관계를 유지해야 하는 상황으로 변화되고 있는 만큼 법무실의 역할이 확대되고 담당해야 하는 일이 많아지고 있으며, 앞으로 이러한 경향은 더욱 심화될 것이다.

"권 변호사, 요즘 로펌에 간 1, 2년차 변호사들은 밤 1~2시까지 일하는 것이 다반사인데, 권 변호사도 최소한 12시까지는 일해야 되지 않겠어?"

우리 회사 법무실장님이 지나가면서 농담 삼아 하시는 말씀이다. 이 농담이 점점 현실로 다가오고 있음을 느낀다.

권 과장, 나를 부르는 또 다른 호칭

권 과장…. 회사 내에서 나의 또 다른 호칭이다. 즉, 나는 변호사이기 전에 회사원이다. 법률 전문가로서 의견서를 쓰거나 소송을 수행하는 것은 여느 변호사와 다를 바 없지만, 보고서를 쓰거나 업무를 처리하는 데 있어 회사의 일개 구성원으로서 단계적으로 결재를 맡아야 한다는 점에서 회사원임이 분명하다.

내가 일반 기업에 입사한다고 했을 때 주변 사람들이 반대했던 가장 큰 이유 중 하나는 변호사 자격증을 가지고 있지 않은 회사 직원들과 어울리기 힘들 것이라는 점이었다. 일반 직원에 비해 비교적 높은 직급 혹은 연봉으로 인한 위화감 형성, 변호사들이 알게 모르게 가지고 있는 특권 의식 때문에 갈등이 생기고 결국 변호사들이 기업 내에서 성장하지 못하고 도태될 것이라고 우려하는 연수원 동기들도 많았다.

그러나 나는 그 때문에 기업에 들어가고 싶었는지도 모르겠다. 비록 내가 법학을 전공하고 사법시험에 합격해 변호사가 되었고 앞으로도 이 일을 업으로 살아가기야 하겠지만, 내 친구들, 내 직장 동료들, 내가 의지하는 사람들이 모두 나와 비슷한 사고 구조를 갖고 나와 비슷한 환경에 처해 있다면 인생이 그다지 활력이 없을 것으로 생각했다. 기업에 입사하면 다양한 전공, 다양한 생각, 다양한 관심사를 가진 여러 사람들을 만날 수 있고, 매우 역동적인 조직 속에서 살아 있다는 느낌을 받을 수 있어서 좋을 거라고 생각했다.

사람들과 자연스럽게 어울릴 수 있느냐는 하기 나름이다. 항상 겸손한 마음을 갖고 타인을 존중한다면 변호사 자격증 유무는 크게 문제가 될 게 없다. 회사에 입사한 지 벌써 1년이 훌쩍 넘었지만 나는 아직까지 회사 내의 인간관계에 스트레스 받지 않고 즐겁게 지내고 있다. 나 또한 승진을 바라는 회사원일 뿐이다.

"늘 가까이 있어요. 한화~~."

내 휴대폰 통화 연결음의 일부분이다. 친구들은 전화를 걸 때마다 "그게 뭐냐, 회사 다니는 거 자랑하냐?"고 편잔을 주지만, 나는 이 연결음을 들을 때마다 기분이 좋아진다. 속된 말로 '맨땅에 헤딩'해 가며 내가 해낸 일이기 때문이다.

"회사에서 통화 연결음을 통일적으로 사용하기로 했는데, 작곡가와 계약을 체결하는 데 필요한 계약서 좀 작성해 주세요."

홍보팀 김 대리의 의뢰였다.

큰일이다. 통화 연결음 제작에 관한 계약은 저작권법과 관련이 있는데 나는 저작권법이 어떻게 생겼는지 구경조차 해 본 적이 없었다. 의뢰 기간은 5일. 일단 법전을 펴고 저작권법 제1조부터 차근차근 읽기 시작했다. 세 번 정도 정독하여 법률 구조 및 내용을 파악한 다음, 저작권법 해설서를 펼쳐 통화 연결음 제작에 관한 계약과 관련이 있을 만한 부분만 발췌해서 공부했다. 시간적 제약으로 인해 저작권법을 통째로 공부한다는 것은 불가능했기 때문이다. 우여곡절 끝에 의뢰 기간에 맞춰 '통화 연결음 제작 공급 계약서'라는 문서를 작성해 주었고, 그 계약서로 계약을 체결하여 지금의 회사 통화 연결음을 들을 수 있게 된 것이다.

처음 회사에 입사했을 땐 모든 것이 생소했고 변호사로서의 자세나 능력도 매우 미흡했다. 지금도 많이 미흡한 게 사실이지만, 하나씩 하나씩 일을 처리해 나갈 때마다 내가 바라는 변호사상에 점점 다가가고 있음을 느낀다.

그리고 남은 것들

처음 글을 쓸 때만 해도 여러 사례를 섞어 가며 재미있게 써야지 했지만, 이제 2년차 기업 변호사인 내가 들려줄 만한 이야기는 생각보다 많지 않은 것 같다. 혹 다른 기업에 속한 변호사들이 동의하지 않는 내용이 있을 수도 있겠지만, 만 1년 넘게 기업 변호사로 살면서 느낀 바를 내 나름대로 솔직하게 이야기했다.

미국의 대표적인 기업 GE에 소속된 변호사는 1000여 명에 이른다. 그 정도로 미국에서는 기업 변호사라는 직역이 매우 활성화되어 있다.

우리나라도 곧 그렇게 되지 않을까? 법치주의, 준법 정신이 더 이상 책 속의 활자로 죽어 있는 것이 아니라 이제 사회의 기본 원리로 자리를 잡아 가고 있다. 또 대한민국 최대 기업을 필두로 우리나라 기업들 역시 준법 경영을 중요시하고 있으니 앞으로 기업 변호사의 중요성은 날로 커질 것이고, 더 이상 회사에서 변호사를 만나는 것이 이상한 일은 아니게 될 것이다.

그날이 올 때까지, 나는 아직은 생소한 기업 변호사의 길을 뚜벅뚜벅 걷고 있을 것이다.

03   행정부 공무원

국민을 위해
미래를 준비하는 기쁨

| 조선영 |

1977년생. 2001년 서울대학교 역사교육과를 졸업하고 그해 제43회 사법시험에 합격했다. 2004년 사법연수원(33기)을 수료했으며 2005년부터 지금까지 교육인적자원부 법무규제개혁팀에서 일하고 있다.

창밖으로 경복궁의 모습이 보인다. 조선 시대 임금이 살면서 나라의 대소사를 결정하던 경복궁. 그 앞에 위풍당당하게 서 있는 정부종합청사. 여기가 바로 내가 법조인으로서 삶의 첫발을 내디딘 곳이다.

사법시험을 준비하면서 단 한 번도 내가 사법 기관이 아닌 다른 곳에서 일하리라고 생각해 본 적이 없다. 그런 내가 교육인적자원부 기획법무담당관실(현재 법무규제개혁팀)에서 공무원으로 일을 시작하게 된 것은 세계무역기구(WTO) 등의 국제 기구를 방문한 경험 덕분인 것 같다. 연수원 시절 나는 국제통상법을 전공하면서 유럽의 국제 기구를 방문하는 기회를 얻었다. 그곳에서 법원이 아닌 다른 무대에서도 법조인이 활동할 수 있음을 알게 되었고, 그곳에서 근무하는 다른 나라 변호사들을 보면서 신선한 매력을 느꼈다. 아마 그때부터였던 것 같다,

:: 필자는 2004년 각 행정 부처의 법무담당관실 근무자를 대상으로 한 8박 9일 미국 연수에 참여해 메릴랜드 주 의회를 참관했다. 사진은 메릴랜드 주 의회 내부.

언젠가는 우리 정부를 대표할 수 있는 변호사가 되고 싶다는 생각을 하게 된 것은.

연수원을 수료하고 나의 꿈을 이루기 위한 첫 단계로 당시에는 소수에 불과했던 행정부 공무원의 길을 선택했다. 여러 행정 부처 중 교육인적자원부를 택한 것은 교육 전공도 살리면서(나는 사범대학을 졸업했다.) 법률적 지식을 발휘할 수 있는 최적의 곳이라고 판단했기 때문이다. 그렇게 나는 교육부 계약직 공무원(일반 계약직 제5호), 사무관에 해당하는 5급 공무원으로 법조인으로서 첫발을 내딛었다.

정부 공무원으로 행정부에서 일해야겠다고 결심한 후 나는 관련 정보를 수집하려고 애썼다. 그러나 마땅히 정보를 얻을 수 있는 곳이 없었다. 참 힘들었다. 뭘 알아야 판단을 할 것 아닌가. 내가 행정부 법무담당관실에서 하는 일을 자세히 소개하는 건 행정부에서 일하고 싶어 하는 법조인과 예비 법조인을 위해서다.

행정부 법무팀, 도대체 뭐 하는 곳이야?

행정부의 법률적인 문제를 총괄하는 곳이 법무담당관실(일명 법무팀)이다. 명칭은 각 행정 부처마다 조금씩 다르고, 독립적인 과로 되어 있는 곳이 있는가 하면 다른 과와 합쳐져 있는 곳도 있다. 내가 일하고 있는 교육부는 '기획법무담당관실'이라고 해서 기획 부서에 통합되어 있었는데, 최근 '법무규제개혁팀'으로 명칭을 바꾸고 분리·독립되었다.

보통 행정부 법무팀에서 하는 일은 크게 법제 업무와 소송 업무로 나눌 수 있다.

법제 업무는 자기 부처의 입법 계획 수립을 총괄하고, 법령을 제·개정할 때 법제처가 법제를 심사하기 전에 자체 심사를 하는 것을 말한다. 입법 계획 수립은 보통 담당 집행 부서의 의견에 따라 이루어지며, 이러한 법령 정비 이외에도 법률 전문가들에 의한 정책 연구를 통해 (만약 교육부라면) 교육과 관련된 법률 체계 및 내용을 검토하고 이를 입법에 반영하는 일도 한다.

법률안 통과 과정 중 하나인 타 부처의 법령에 대한 검토, 규제 정비 및 규제 완화 위원회의 운영과 국무회의 및 차관회의를 담당하는 것도 법무팀의 중요한 업무 중 하나이다. 타 부처의 법령 검토는 다른 부처의 입법이 자신의 부처와 관련이 있는 것인지, 또 그에 대하여 어떠한 자세를 취할 것인지를 검토하는 것이고, 규제 정비는 법령을 제·개정할 때 불필요한 규제가 발생하지 않도록 하는 것이다.

매주 개최되는 국무회의 및 차관회의에 상정되는 안건을 수령하여 이를 검토하고 상정된 안건에 대해 자기 부처의 의견이 반영되도록 장·차관을 보좌하는 것이 바로 국무·차관회의 업무이다. 국무·차관회

∷ 교육인적자원부 법무규제개혁팀 사무실에서 일하고 있는 필자. 처음에는 한 공간에서 여럿이 일하는 것에 적응이 잘 안 되었다고 한다.

의에 상정되는 안건은 여러 가지이지만 대다수가 법률안에 관한 것이어서 법무팀에서 각 과와 국무조정실 등을 연결하는 역할을 하고 있다.

소송 업무는 행정 심판(행정 행위를 한 처분청의 행위가 적법 타당한지 상급 행정청이 판단하는 것), 국가·행정 소송, 헌법 재판으로 나눌 수 있다. 참여정부에 들어서면서 국민의 권리 의식이 신장되어 국가·행정 소송이 크게 증가했다. (소송 종류를 통틀어 비교할 때 참여정부 이전보다 평균 50퍼센트 이상 증가했다.)

법무팀에서는 자신의 부처가 재결청(행정 심판에서 상급 행정청을 일컫는다.)이 되는 행정 심판 사건을 진행시키는 역할을 한다. (중앙 부처가 재결청이 되는 경우 행정 심판에 대한 의결은 법제처의 국무총리행정심판위원회에서 한다.) 또한 국가·행정 소송과 헌법 재판을 총괄하고, 관련 분야의 회신집(헌법 재판 판례집, 대법원 판례집, 행정

심판 재결집, 법령 질의 회신집 등)을 발간하여 같은 분쟁이 반복해서 일어나지 않도록 예방하는 것도 법무팀의 몫이다.

만약 변호사로서 행정부 법무팀에서 일하게 된다면 아마 위에서 말한 일 중 어느 하나를 담당하게 될 것이다.

나는 규제 업무를 제외한 거의 모든 일을 약간씩 맛볼 기회를 가졌다. 현재 주로 하는 일은 소송의 전반적인 진행과 법제 및 현안과 관련된 법률 자문이다. 소송은 외부 변호사를 선임해서 수행하는 경우가 많다. 이때 행정부 소속 변호사들은 내부의 법률적 이해를 돕고 유리한 주장을 놓치지 않도록 도와주는 역할을 한다.

최근에는 헌법 소원이 많이 제기되고 있어 소송으로 인한 업무량이 증가하고, 행정 행위 이전에 사전 위헌성 검토가 중요해져 공부해야 할 것도, 일해야 할 것도 많아 어려움을 겪고 있다. 행정 소송도 마찬가지이지만 특히 헌법 재판은 법률적 지식뿐 아니라 그 분야에 대한 전문적인 지식과 철학이 많이 필요한 분야인 것 같다.

일하면서 가장 안타까운 점이라면 법무팀의 일이 매우 중요함에도 불구하고 아직까지 그 중요성을 크게 인식하지 못하고 있다는 점이다. 한마디로 행정부 법무팀의 일은 매우 중요하고 업무량이 많음에도 불구하고 인원은 턱없이 부족하다. 행정 부처마다 조금씩 다르지만 내가 소속되어 있는 교육인적자원부 법무팀의 경우 팀장님을 포함하여 총 인원이 겨우 5명에 불과하며, 변호사는 내가 유일하다. 아마 다른 부처와 지방의 행정 기관들도 별반 차이가 없을 것이다.

이는 미국과는 비교도 안 되는 숫자다. 미국 교육부의 경우 법무담당관실에서는 교육부의 프로그램과 활동에 영향을 미치는 모든 법적인 문제에 대하여 교육부 장관의 자문을 수행하는데, 소속 변호사만 해도

110명에 달한다고 한다.

　환자의 병을 치료하는 것 이상으로 병을 예방하는 것이 중요한 것처럼 이미 발생한 분쟁을 해결하는 것 이상으로 사전에 분쟁을 예방하는 것도 중요하다는 것이 나의 생각이다. 그러기 위해서는 법을 집행하는 단계에서 법을 올바르게 해석하는 것은 물론이고 정책을 입안하는 단계에서부터 그로 인한 개인의 권리 침해 가능성이나 법적인 분쟁을 예상하고 이를 최소한으로 줄이는 노력을 해야 한다. 그러나 아직까지는 이러한 부분이 많이 미흡한 것 같다.

　다행히도 최근 사법개혁추진위원회에서 행정부의 법무담당관 제도에 대한 개선 의견을 의결했는데, 그 내용은 법무담당관을 개방형 직위로 하여 일정 경력 이상의 변호사와 법학 박사 학위 소지자, 법무 관련 분야에서 일정 기간 실무 경력을 쌓은 행정 공무원 등 법률 전문가로 한정한다는 것이다. 또 법무부에서는 정부 출자로 정부 등 공공 기관의 소송을 대리하고 법률 자문을 하는 정부법무공단을 설립하려 하고 있으며 현재 정부법무공단법이 국회에 계류 중에 있다. 각 부처별 또는 지방 자치 단체별로 법무팀이 강화되는 것이 가장 좋은 방법이라고 생각하지만, 우선 별도로 행정 분야의 공법을 전문적으로 지원해 줄 수 있는 조직이 생긴다는 것이 여간 반가운 일이 아니다.

　사실 행정 공무원들이 변호사의 전문적인 자문을 받는 데에는 여러 가지 어려움이 있다. 예산상의 문제도 있고, 정확한 의사 전달이 어려운 경우도 있고, 시간상 접촉 자체가 힘든 경우도 많이 있다. 때문에 각 분야의 행정법 등 공법 분야에 대한 전문성 강화가 필요하고 이러한 전문성이 행정 조직에 연결될 수 있도록 하는 제도가 필요하다. 이는 비단 국내 문제뿐 아니라 국가 간의 국제 관계를 위해서도 그렇다.

공무원 칼 퇴근? 어림없는 소리!

교육부에서 일을 한 지도 벌써 1년이 지났다. 낯설기만 했던 행정부만의 독특함에도 많이 적응했다. 법원, 검찰 등의 사법부와는 다른 행정부만의 독특함은 무엇일까?

내가 느낀 사법부와 행정부의 가장 큰 차이라면 바로 행정부는 조직이 움직이는 곳이라는 것, 그리고 끊임없이 새로운 무엇을 만들어 가는 곳이라는 것이다.

법원과 검찰 등 사법부는 사건을 처리하는 데 있어 담당 법관이나 검사의 독립성이 강하게 인정된다. 반면 행정부는 조직이 움직이는 곳이다. 부처 내에서의 의견 조율은 물론이고 타 부처 및 국회와의 의견 조율이 중요하다. 업무를 집행하면서 때로는 타 부처의 격렬한 반대에 부딪히기도 하고 국회의 입법 과정에서 진통을 겪기도 한다. 이때 현실적으로 예산이나 인력이 문제가 되기도 하지만 법적인 문제가 발생하기도 한다. 특히 신 행정 수도 이전에 대한 위헌 결정이 있었던 것처럼 정부의 정책과 관련하여 위헌성 여부가 문제로 떠오르는 경우도 많이 있다. 이때 자기 부처의 의견을 법률적으로 적절히 피력할 수 있어야 한다. (물론 법률의 제정과 개정이 반드시 법률적 논리에 의해서만 이루어지는 것 같지는 않다.)

또 하나 다른 점, 행정부는 미래를 만들어 가는 곳이라는 것이다. 사람들은 행정부의 주된 업무가 정책 집행이라고 짐작하지만, 중앙 부처의 주된 업무는 오히려 잘못된 제도를 개선하기 위해 연구하고 그 제도를 담아낼 법체계를 만들어 내는 것이 아닌가 싶다. 교육부 역시 마찬가지이다. 교육과 관련된 수많은 정책과 제도들이 각 담당 부서에

:: 공무원은 '칼 퇴근' 한다고 알고 있지만 필자를 포함한 중앙 부처 공무원에게 칼 퇴근은 그저 남의 나라 이야기란다. 밤늦게까지 환하게 불을 밝힌 정부 종합청사 전경.

서 연구되고 있으며 그 제도를 법체계 속에 담아내기 위해 노력한다. 교육부에서 일하면서 제도를 법체계 속에 담아내는 것이 쉬운 일이 아님을, 행정부가 입안한 많은 법률이 어렵게 국회를 통과한다는 것을 알았다.

뭐니 뭐니 해도 가장 큰 보람은 개개인에 대한 과거 사실의 시시비비를 가리는 쟁송 사건과는 달리 행정부의 일은 미래 지향적이며 전 국민에게 영향을 미친다는 데 있다.

사법부와 다른 행정부의 독특함에서 비롯되는 매력만큼이나 어려움도 많다. 처음 접하는 낯선 문화에 적응하는 데도 시간이 걸리지만 업무 강도가 절대 녹록치 않다. 행정 부처 공무원을 선택한 숨은 동기 중 하나가 '공무원'으로 대표되는 '칼 퇴근'이었는데, 그것은 나의 순진한 착각이었다. 나를 포함한 대부분의 직원들이 밤 10시를 넘겨 퇴근하기 일쑤다. 국회의 국정 감사가 시작될 즈음이면 어김없이 밤을 새운다.

적어도 중앙 부처의 공무원에게 '칼 퇴근'은 그저 남의 나라 이야기라고 봐도 좋을 것 같다. 혹자는 하는 일 없이 남아 있는 것 아니냐고 비아냥거릴지 모르지만 내가 본 바로는 절대 그렇지 않다.

처음에는 혼자(변호사는 한 사람뿐이다.)라는 생각이 들 수도 있다. 그러나 동료나 선후배들과 함께 일하면서 정서적인 외로움은 극복할 수 있다. 다만 환경이 다른 데서 오는 어려움은 잘 극복되지 않는 것 같다. 변호사 사무실에서 일하는 변호사의 경우 자신만의 독립된 공간이 있지만 이곳은 그렇지 않다. 한 과의 구성원들이 한 방에서 공동 생활을 한다. 과에 따라 다르지만 적게는 6명에서 많게는 15명까지 개방된 공간에서 얼굴을 맞대고 일하는 것이 처음엔 어색하고 불편할 수도 있다. (물론 사생활도 전혀 보장되지 않는다.) 제대로 된 휴식 공간도 없다. 공무원의 근무 환경이 이렇게 열악한지 와 보고서야 알았다.

너무 딱딱한 일 이야기만 했나 보다. 교육부에서 일하면서 개인적으로 재미있는 일도 많이 있었다. 가장 기억에 남는 일이 미국 연수다. 각 행정 부처의 법무담당관실 근무자를 대상으로 법제처에서 주관한 8박 9일의 연수였는데, 처음으로 간 미국이 신기하기만 했다. 메릴랜드 주 의회에서 의안을 심사하는 과정도 보았다. 우리 국회의 교육위원회의 모습과 크게 다르지는 않았지만 주 변호사가 함께 참여한다는 것이 인상 깊었다. 그날 회의에서 주 변호사는 단 한마디도 하지 않아 정확히 알 수는 없지만 아마 회의 과정에서 나온 법률적인 문제를 검토하지 않을까 싶다.

행정 부처 공무원의 장점 중에 하나가 외국에 나갈 수 있는 기회가 종종 있다는 것이다. 정식 공무원의 경우 외국 유학의 기회도 다른 직장보다는 많은 것 같다.

한 달간 중앙공무원교육원에서 교육을 받은 것도 잊을 수 없는 추억이다. 계약직 공무원이나 특채 공무원(특별 채용을 통해 채용된 공무원)의 경우 여건이 허락된다면 한 달 동안 중앙공무원교육원에서 행정공무원으로서 필요한 교육을 받을 수 있다. 특채 공무원을 위한 별도의 교육은 아니고 5급 승진자를 대상으로 한 관리자 교육 과정에 함께 참여하는 것이다. 5급 승진자 중에는 9급에서 시작한 분도 있고 7급에서 시작한 분도 있는데 대부분 40대 중·후반이었다. 이분들께 20여 년에 걸친 공직 생활의 애환과 보람을 들었는데 나에게는 무척 좋은 경험이었다. 또 요즘 공무원의 화두인 '혁신'과 '리더십' 교육을 받은 것도 많은 도움이 되었다.

얼마 전에는 제주대학교 연수원에서 시·도 교육청에서 일하는 법무담당자들과 법무담당관 워크숍이 있었다. 법무 업무에 관한 강의가 주 내용이었는데 내가 직접 강의를 하기도 했다. (가끔씩 부처 내에서도 강의를 하는데 강의 준비를 하면서 스스로 많은 것을 배운다.)

흔한 일은 아닐지라도

행정부 공무원으로 일을 시작했을 때 모 신문사에서 인터뷰를 했을 정도로 당시에는 변호사가 행정 부처에서 일하는 게 흔하지 않았다. 그러나 불과 1년 사이, 많은 변호사 분들이 행정 부처 등의 공공 기관에서 일하고 있는 것으로 알고 있다.

행정 부처나 공공 기관에서 일하는 것에 관심이 있는 법조인과 예비 법조인에게 하고 싶은 말은, 이곳에서 변호사로서 일하는 것은 통상적인 변호사의 역할과는 다른 부분이 많다는 것이다. 각 부처에 따라 다르겠지만 단지 정부의 소송을 대리하는 일을 하는 것만은 아니다. 상황에 따라서 행정적인 일을 해야 하는 경우도 발생하게 된다. 그렇기 때문에 이러한 점을 염두에 두고 일을 시작하는 것이 좋을 것 같다.

별로 길지 않은 공무원 생활에 잘 알지도 못하면서 개인적인 생각으로 이런저런 이야기를 늘어놓은 것이 조금은 부담스럽다. 하지만 나의 개인적인 경험이 공무원으로서 변호사의 생활을 생각하는 분들에게 조금이나마 도움이 되었으면 하는 작은 바람을 가져 본다.

공무원 채용 과정 및 보수

공무원의 채용은 모두 공개 채용이다. '공무원 제한 경쟁 특별 채용'이라는 형식을 통해 서류 전형 및 면접을 거쳐 채용이 결정된다. 채용 정보는 중앙인사위원회나 원하는 행정 부서의 홈페이지를 통해 얻을 수 있다. 경쟁률은 해마다 각 부처마다 조금씩 다르다. (내가 응시했던 2005년 교육인적자원부의 경우 경쟁률이 10대 1이었다.)

공무원의 보수는 공무원 보수 규정에 의해 정해진다. 계약직 공무원의 경우 정식 공무원과는 달리 연봉제가 적용된다. 현재 보수 규정에 의하면 변호사가 주로 채용되는 일반 계약직 5호의 경우 상한액 5460만 4000원, 하한액 3082만 원의 범위에서 일정 기준에 따라 결정된다.

내 경우 일반 계약직 5호로 5급 상당(사무관)에 해당되는 대우를 받는다.

04   미국 변호사

세상은 넓고
할 일은 진짜 많다!

| 김형진 |

1962년생. 서울대학교 경영학과(1985)와 미국 UCLA 경영대학원(1990)을 졸업했다. 1996년 미국 IIT 법과 대학원을 졸업하고 미국 캘리포니아 주 변호사 시험에 합격했다. 미국 로스앤젤레스 시 Park & Kim 대표 변호사, 외교부 통상 전문관 등을 거쳐 현재는 국제법률경영대학원(TLBU) 교수 겸 법무법인 '정세' 소속 미국 변호사로 일하고 있다. 저서에 『미국상표법』『미국영화산업백서』(공저) 『논리야 나오너라』 등이 있다.

미국 변호사는 미국에서 변호사 자격증을 취득한 사람을 말한다. 미국 변호사 중에는 우리나라 변호사 자격증이 있는 사람도 있고 미국 변호사 자격증만 있는 사람도 있다. 아직 법률 시장이 개방되지 않았으므로 미국 변호사 자격증이 있어도 우리나라 변호사 자격증이 없으면 우리나라에서는 소송 등의 변호사 업무를 할 수 없다. 그렇다면 미국 변호사는 어떤 일을 할 수 있을까?

당연한 말이지만 미국에서 변호사로 활동할 수 있다. 나는 1996년 미국 캘리포니아 주에서 변호사 자격증을 취득한 후 약 3년 동안 로스앤젤레스 시에서 변호사로 일했다. 미국에서는 각 주마다 변호사 시험을 따로 치르므로 자기가 일할 지역의 변호사 시험에 응시해야 한다. 내 경우 법과대학원은 일리노이 주 시카고에서 나왔지만 캘리포니아

주에서 변호사 시험에 응시해 합격했다. 변호사 시험은 그다지 어렵지 않아 법과대학원을 나온 사람이면 대부분 합격한다. 다만 뉴욕 주와 캘리포니아 주의 변호사 시험이 가장 어렵다는 것이 세간의 평가이다. 그래서인지 이 지역에서 변호사 시험에 응시한 사람들 중에는 서너 번씩 떨어지는 사람도 많다.

미국에서 변호사로 활동하는 것은 매우 힘들다. 오직 판사만이 판결을 하는 우리나라와는 달리 미국에서는 일반인들로 구성된 배심원들이 판결을 하므로 소송 결과를 미리 예측하기 어렵고 변호사의 창의성과 노력, 변론으로 중요한 사건의 판결이 바뀌는 경우가 많다. 그러므로 변호사에게는 재판 과정 하나하나가 그야말로 피 말리는 긴장과 스릴의 연속이다. 변호사들의 활약상 및 이야기를 담은 법정 드라마나 영화가 미국에서 인기 있는 것은 실제 미국의 재판 과정이 그야말로 '드라마'처럼 흥미진진하기 때문이다.

학연, 지연 없이 오로지 실력으로

미국에서 변호사의 삶은 대체로 고되다. 법무법인에서 일하는 신참 변호사의 경우 매일 새벽 2시까지 일하는 것은 예사이고 주말이나 공휴일에도 쉴 수 없는 경우가 대부분이다. 명문 법과대학원을 졸업한 신참 변호사가 너무 열심히 일하다 그만 신경 쇠약에 걸려 자살하거나 정신병을 얻는 경우도 가끔 있을 정도다.

이렇게 정신없이 6년 정도 일하면 비로소 승진의 기회가 열려 법무법인의 파트너 변호사가 될 수도 있다. 일단 파트너 변호사가 되면 수입이 크게 늘어난다. 그때부터는 매우 여유 있는 생활을 할 수 있다. 영화에서 보듯 수영장이 딸린 커다란 집, 독일제 고급 자동차, 골프 클럽 회원권 등이 현실화되는 것이다. 물론 실력을 인정받지 못하면 6년이 지나도 파트너 변호사가 될 수 없다. (이 경우 결국 법무법인을 그만두고 혼자 조그만 법률사무소를 차릴 수밖에 없다.) 그러니 신참 변호사들은 승진하기 위해 그야말로 전력을 기울여 일해야 한다.

미국 사법계는 학연도 지연도 없고 사법연수원이 없으니 연수원 기수 모임도 없다. 모든 재판은 엄정한 법과 변호사의 실력에 의해 진행된다. 그러니 변호사가 여자인지 흑인인지 장애인인지, 어느 로스쿨을 졸업했는지 등은 재판에 별로 영향을 미치지 못한다.

변호사는 자신의 의뢰인에게 유리한 판결을 끌어내기 위해 오직 자신의 재능과 노력으로만 승부해야 한다. 그러니 자신이 맡은 사건에 대해 강도 높게 공부를 할 수밖에 없다. 변호사가 사건의 내용도 잘 모른 채 재판 중에 사무장이 써 준 글을 읽는 경우는 매우 드물며, 그렇게 성의 없이 재판에 임했다간 곧 사무실 문을 닫아야 한다.

미국에는 엄청난 수의 변호사가 있고 변호사 간의 경쟁이 매우 치열하다. 따라서 성의 없고 실력 없는 변호사는 생활 자체가 어려울 수도 있다. 보통 재판이 시작될 때쯤에는 재판 준비를 하느라 며칠씩 밤을 새우는 것은 예사이고 한 편의 드라마 같은 재판을 연출하기 위해 온 직원들이 머리를 짜서 재판 전략을 세우곤 한다.

대신 좋은 점도 많다. 주먹보다 법이 앞서는 미국에서는 변호사의 사회적 지위와 수입이 의사 못지않게 좋다. 만약 담배 관련 소송이나 항공기 사고 같은 대형 사건을 맡아 승소하면 수임료가 최소 수억 원에서 최대 수백억 원씩 된다. 그러니 실력 있는 변호사의 수입은 상당히 좋은 편이다.

재미 교포들은 외국에 살기 때문에 억울한 일을 당하거나 손해를 보는 일도 많다. 그럴 때 같은 한국인으로서 교민을 위해 일하는 것도 참 뜻 깊은 일이다. 이제 미주 교민 사회에도 교포 2세 또는 3세 변호사가 많이 있어 옛날처럼 한인 변호사가 귀하지는 않다. 하지만 아직도 이민 1세들이 다수를 차지하는 한인 사회에서는 이들을 가장 잘 이해하는 변호사들이 해야 할 일이 많이 남아 있다.

해외 펀드 회사나 투자 회사에 입사할 수도 있다. 주로 뉴욕이나 런던, 홍콩 등지에서 일하는데, 성과에 따라 보수를 지급하므로 자신의 능력에 따라 짧은 기간 안에 큰돈을 벌 수도 있다. 업무량은 엄청나게 많지만 공격적이고 진취적인 성격의 사람들이 도전해 볼 만하다.

미국에 진출한 많은 한국 기업들은 한국을 가장 잘 이해하는 미국 변호사에게 신뢰감을 가지므로 현지 한국 기업을 위해 할 수 있는 일도 많다.

한마디로 미국에서 변호사를 한다는 것은 한편 고생스럽고 힘들지만 나름대로 보람도 있고 (능력에 따라) 수입도 좋다.

때로는 사명감이 우선일 때도 있다

미국 변호사는 한국 정부를 위해 일할 수도 있다. 1997년 IMF 금융 위기 이후 우리나라의 경제 관계법은 미국 법을 많이 따라가고 있다. 자연히 미국 변호사가 할 수 있는 일도 늘어났다.

1998년, 나는 외교부 통상교섭본부 통상 전문관으로 특채되었다.

그 후 1년 동안 한미 투자협정 협상이나 한미 저작권법 협상과 같은 주요 대미 협상에 참여하는 한국 정부 대표단의 일원으로 일했다. 물론 한국 정부의 공무원은 우수한 인재이기는 하지만 미국에서 전문적인 법 교육을 받지 못한 사람들이 많아 미국 변호사가 협상이나 협정에 기여할 여지는 매우 크다.

실제로 우리나라를 대리하여 국제 재판에 참여할 수도 있다. 가령 미국 정부가 우리나라의 주세(酒稅)나 수입 쇠고기 분리 판매 지침이 차별적 조치라고 세계무역기구(WTO)에 제소하면 한국 정부에 소속된 미국 변호사들은 대응 방안을 마련하고 외국의 전문 변호사를 선임하여 함께 소송을 진행한다. 한국 정부를 대표해 WTO와 같은 국제 기구와 일하는 것은 보람도 크고, 개인적으로도 좋은 경험이 된다.

정부 기구에 특채되었다는 것은 미국 변호사든 한국 변호사든 공무원이라는 뜻이다. 당연히 법무법인 변호사에 비해 급여도 적고 근무 환경도 나쁘다. 야근은 예사이고 해외 출장도 매우 잦다. 특히 통상 문제를 맡다 보면 미국 무역대표부가 있는 미국 워싱턴이나 WTO 본부가 있는 스위스 제네바에 갈 일이 많은데, 어떨 땐 한 달 중 절반을 외국에서 보내기도 한다. 공무원의 경우 출장비가 적어 좋은 호텔에 묵는 건 꿈도 못 꿀 뿐더러 때로는 작은 호텔방 하나를 몇 명이서 같이 쓸 때도 있다. 전날 밤을 새워 자료를 준비하고 허겁지겁 이코노미 클래스를 타고 몇 시간 날아가 현지에 도착해 눈 한번 붙이지 못하고 바로 일을 시작하는 강행군을 하기도 한다. 또 공무원이니 소신껏 일하기보다는 위에서 지시받은 대로 일해야 하는 경우도 많다.

국가 간 협상은 쉽지 않다. 자주 난관에 봉착한다. 이럴 땐 미리 철저히 연구하고 분석하여 단단히 준비한 후에 다시 협상에 임해야 한다.

도저히 말이 통할 것 같지 않은 상대 국가의 대표단을 그 나라의 법과 판례를 들어 논리적으로 설득해야 하는 것이다. 이런 과정을 거쳐 마침내 우리 정부의 훈령대로 우리 뜻을 관철할 때에는 정말 말할 수 없이 뿌듯하다. 비록 수입도 적고 근무 환경도 나쁘지만 적어도 자신의 인생에서 일부라도 조국을 위해 일한다는 자부심이 주는 즐거움이 있다.

지금은 외교부의 통상 분야뿐 아니라 산업자원부, 국방부, 농림부, 공정거래위원회 등 정부 부처의 전 분야에 걸쳐 미국 변호사들이 일할 수 있는 분야가 많이 있다. 조국을 위해 일하고 싶다면 도전해도 좋을 듯하다.

미국 변호사는 국제 기구나 다국적 기업에서 일할 수도 있다. 국제연합(UN)이나 WTO 같은 국제 기구에서는 외국어를 잘하는 변호사들을 뽑고 있다. 현재 국제 기구에서 우리나라가 차지하는 위상에 비해 그다지 많지 않은 전문 인력이 파견되어 있으므로 앞으로 더 많은 기회가 있을 것이다.

국제 기구에서 일하면 급여도 좋고 신분상 대우도 좋은 편이다. 때로는 주재국에 세금도 내지 않고 기타 많은 특권을 누리는 등 외교관과 같은 대우를 받기도 한다. 주 5일 근무는 기본이고 1년에 20일 이상의 휴가가 있는 등 근무 환경도 좋다. 단점이라면 승진이 늦고 일이 단조롭다는 점이다.

한국에서 미국 변호사로 산다는 것은

우리나라 법무법인에서 미국 변호사로서 일할 수도 있다. 조그만 법률사무소라면 예외지만 대부분의 법무법인들은 주로 기업이 고객이므로 국제 업무를 맡을 전문가가 필요하다. 때문에 웬만한 법무법인에서는 미국 변호사들이 한두 명씩 일하고 있다.

우리나라는 법률 시장이 개방되지 않았으므로 미국 변호사가 단독으로 개업을 하거나 소송을 맡을 수는 없다. 그러나 우리나라 변호사들이 세운 법무법인에 속해 있으면서 외국 법과 관련된 일을 하는 것은 허용되고 있다.

부동산이나 상속, 이혼, 또는 형사 문제를 많이 다루는 일반 변호사와는 달리 미국 변호사가 주로 하는 일은 국제 계약서 작성, 국제 업무와 관련된 상담 및 조언이다. 국내 기업 간의 계약서가 비교적 양이 적고 간단한 데 비해 국제 계약서는 분량이 많을 뿐만 아니라 매우 복잡하므로 법률 지식이 없는 사람이 내용을 바로 이해하기는 쉽지 않다. 그러므로 미국 변호사에게 자세한 조언을 요청하며, 미국 변호사가 계약서를 만들어 주기도 한다.

또 국내 기업과 해외 기업의 입장이 다르므로 경우에 따라서는 우리 기업을 대신해 협상을 하기도 한다. 누구나 알 만한 큰 국내 기업도 외국 법을 몰라서 소송을 당하거나 법적인 문제가 제기되어 큰 손해를 보기도 한다. 미국 변호사는 그런 일들이 일어나지 않도록 미리 조언을 해 주고 계약상 문제점을 지적하여 계약 조건을 수정하는 일을 한다.

우리 기업이 해외에 투자하거나 외국 기업과 중요한 거래를 할 경우에는 미국 변호사가 함께 출장을 가서 일을 보는 경우도 많다. 미국 변호사가 미국이나 영국에 출장을 가는 것은 흔한 일이고, 일본이나 중국, 동남아, 심지어 유럽에 출장을 가기도 한다. 우리나라 변호사 대부분이 계약당 수임료를 받는 것과는 달리 미국 변호사는 주로 시간당 보수를 받는다. 때문에 출장을 가면 항공료나 숙박비 등 출장비뿐만 아니라 시간당 출장비도 적지 않게 발생한다. 유능한 변호사는 신속하게 거래를 성사시키고 문제를 해결하기 때문에 출장에 따른 모든 비용을 부담하는 의뢰인들도 많다. (경우에 따라 시간당 보수 대신 업무를 성공적으로 종료한 후 전체 금액 중 일정 비율을 변호사 보수로 받기도 한다. 이를 성공 보수라고 하는데, 미국 변호사의 의뢰인들이 주로 기업들이고 거래의 규모도 크기 때문에 성공 보수 또한 높을 가능성이 크다.)

법무법인에서 미국 변호사로 일하면 일한 만큼 보수도 늘어난다. 새벽까지 일하거나 주말에 일하면 그만큼 수입이 많아진다. 문제는 일이 없는 경우다. 대형 법무법인은 해외 관련 일이 많지만 작은 법무법인은 국제 업무가 늘 있는 것이 아니어서 어떤 때에는 미국 변호사의 일이 별로 없을 수도 있다. 그래서 작은 법무법인의 경우 미국 변호사의 급여가 적은 경우도 많다.

미국 변호사 자격증을 가지고 교수가 될 수도 있다. 나는 2001년부터 한 법과대학원에서 학생들을 가르치고 있다. 지금은 조금 수그러들었지만 2~3년 전만 해도 통상법 분야가 가장 인기 있어서 각 대학들이 앞 다투어 통상법 강좌를 개설했다. 자연히 유능한 교수들이 모자랐고, 미국 변호사들을 교수로 초빙한 것이다.

통상법 분야뿐만 아니라 국제법이나 상사법 분야에서도 미국 변호사들이 필요하다. 우리나라는 원래 독일과 일본의 법을 바탕으로 한 법체계를 가지고 있는데 영미법이 들어오더니 이제 상사법, 경제법, 국제법 등에서는 영미법이 점차 주류를 차지하고 있다. 이것은 미국 경제의 힘을 보여 주는 것으로 세계 정치뿐 아니라 세계 경제 질서를 미국이

좌지우지하고 있기 때문이다.

다만 'Juris Doctor(J.D.)' 학위만으로는 우리나라에서 교수가 되기가 어려울지도 모르겠다. 전통적으로 독일과 같은 유럽 국가에서 박사 학위를 취득하려면 짧게는 4년, 길게는 10년씩 혹독한 수련을 거쳐야 하며, 우리나라의 많은 법학자들도 그런 과정을 거쳐 우리나라나 유럽에서 학위를 따고 교수가 된다.

그런데 영미법은 다르다. 단지 3년간의 법과대학원 과정만을 거쳐 J.D. 학위만 받으면 명문 법과대학원 교수도 될 수 있다. J.D. 학위는 우리나라에서 법무 박사 또는 법학 박사로 번역되는 것으로 미국에서는 대부분의 법학자나 법학 교수가 별도의 학위 없이 J.D. 학위만으로 하버드 법과대학원이나 예일 법과대학원의 교수가 된다.

오랜 기간 동안 힘들게 공부해서 취득하는 유럽의 법학 박사 학위에 비하면 미국의 J.D. 학위는 공부 기간이 비교적 짧은데다 유럽 대학에서 중요하게 생각하는 졸업 논문도 없고 법 전체에 대해 공부할 뿐, 세법이나 상법과 같이 법의 각 분야를 다루는 별도의 세부 전공도 없으므로 박사 학위라고 하기에는 너무 가벼워 보여서 그런지 우리나라에서는 J.D 학위만으로는 교수 되기가 쉽지 않다. 외국에서 받은 박사 학위를 등록하는 한국학술진흥재단에서도 J.D. 학위 등록은 아직 받아주지 않고 있다.

다만 J.D. 학위만 가진 미국 변호사도 전공과 관련된 논문을 꾸준히 발표하거나 J.D. 학위 외에 다른 학위를 취득하여 학계로부터 능력을 인정받으면 교수가 될 수 있다. 만약 교수가 되고자 한다면 꼭 법과대학에만 기회가 있는 것이 아니라 국제대학원이나 다른 전공도 많이 있으므로 다른 전공의 길을 찾아보는 것도 좋은 방법이다.

과거의 영광은 없다

지난 몇 년간 미국 변호사가 되기 위해 미국의 법과대학원에 유학을 가는 사람들이 부쩍 늘었다. 그러니 곧 미국 변호사 자격증을 소지한 많은 사람들이 한국에 돌아와 일자리를 찾을 것이다. 그러나 이 사람들 모두가 마음에 드는 직장을 구하기는 어려울 것이다.

미국 변호사 자격증이 있다 해도 보수나 역할 등 모든 것이 마음에 드는 일자리를 구하기는 옛날만큼 쉽지 않다. 우리나라 변호사가 과거처럼 편안한 삶을 약속받지 못하고 있듯이 미국 변호사 역시 실력을 기르고 노력하지 않으면 경쟁에서 살아남기 어렵다.

미국 변호사의 가장 큰 장점이라면 여러 가지 방면에서 다양한 일을 할 수 있다는 것일 게다. 내가 말한 것은 미국 변호사가 할 수 있는 일의 일부에 불과하다. 이렇게 선택의 폭이 넓은 것이야말로 다른 직업군에 비해 미국 변호사가 가지는 특권이라고 생각한다.

혹시 미국 변호사가 꿈인가? 당신은 어떤 길을 가고 싶은가? 나의 조언은 이렇다. 남들이 좋다는 것이 아니라 자신이 무엇을 가장 중요시하는지, 무엇이 가장 만족스러울지 곰곰이 되짚어 보고 분야를 선택하라. 그리고 그 분야를 파고들어 실력을 기르며 나아가라.

미국 변호사가 되려면?

미국 변호사가 되려면 미국에서 일정한 기준을 갖춘 법과대학원(로스쿨)을 졸업해야 한다. 로스쿨에 들어가기 위해서는 대학교 졸업장이 필요하다. 또 LSAT라는 미국 법과대학원 입학시험을 치러야 한다. 보통 LSAT 성적과 대학교 학점을 가장 중요하게 고려하고, 이외에도 경력이나 앞으로의 희망도 고려 사항이 된다. 입학 심사 과정에서 외국인이라고 해서 특별히 차별하지는 않지만 외국인들은 아무래도 영어가 약하기 때문에 입학도 쉽지 않고 좋은 학점을 따는 데도 여러 가지로 불리하다.

로스쿨은 3년 과정이다. 성적이 나쁘면 중도에 탈락할 수도 있고 혹 졸업한다 해도 좋은 직장에 취직하기가 어려우므로 학생들은 좋은 학점을 얻기 위해 치열하게 경쟁한다. 또 로스쿨에서는 일반적인 법학 공부를 할 뿐이며 따로 변호사 시험 공부를 시켜 주지는 않는다. 그러므로 학생들은 로스쿨 졸업 후 혹은 로스쿨 재학 중 스스로 변호사 시험 공부를 해야 한다.

그러나 로스쿨을 졸업한 사람이라면 변호사 시험에 합격하는 건 그다지 어렵지는 않다. 로스쿨을 졸업하고 주 정부에서 실시하는 변호사 시험에 합격하면 비로소 변호사가 된다.

미국의 경우 우리나라처럼 사법연수원을 거쳐 판사, 검사, 변호사 등의 진로를 정하는 것이 아니라 변호사 자격증만 있으면 검사로 재직할 수도 있고 정부나 회사에도 취직할 수 있다. 다만 판사의 경우 대체로 일정한 경력이 있는 변호사 중에서 뽑기 때문에 졸업 후 바로 판사가 되기는 어렵다.

6장

법조인 정보 업그레이드

01　　　　　　　　　　　　　　　　　　　　　밖에서 본 법조인

법조 기자가 본
법원 안팎 풍경 몇 가지

| 김백기 |

1974년생. 2000년 인하대학교 법학과를 졸업한 후 법조 전문지인 법률신문사에 입사해 서초동 법원종합청사 기자실에 둥지를 틀었다. 마감 시간에 쫓기고 취재 경쟁에 시달리지만 변화하는 사법부의 한가운데에 있다는 생각에 보람을 느끼는 4년차 기자다. (블로그 http://blog.naver.com/skywalkerb.do)

변호사를 위한 변명 – "그런 법이 어딨어!"

서초동 법원종합청사 206호 기자실. 20여 개 언론사에서 모인 30여 명의 기자들이 그날의 법원 소식을 전하느라 분주하게 오간다. 기자실이 법정으로 올라가는 계단 앞에 있어 판사보다 기자들이 먼저 법원을 찾는 사람들을 접하는 경우가 많다. 가끔은 재판 당사자의 사연을 듣는 '행운'도 누리곤 한다. 그들의 심각한 표정에서 특종을 떠올리는 것이 과연 진짜 행운인지는 아직 의문이지만.

무더위가 한창 기승을 부리던 2004년 8월. 여느 때처럼 마감 시간에 쫓겨 이리 뛰고 저리 뛰고 있는데 날카로운 목소리가 들렸다.

"이게 무슨 법치 국가야!"

방음이 안 되는 벽을 타고 전해지는 처절한 절규에 "빨리 기사 보내!"라는 데스크의 '절박한 외침'도 무시하고 밖으로 뛰어나갔다. 사람들의 시선을 쫓아가 보니 한 아주머니가 중년 남자 앞에서 "도대체 그런 법이 어딨어!"라며 버럭 소리를 지르고는 털썩 주저앉아 버린다. 중년 남자는 쏟아지는 눈총이 부담스러웠던지 아주머니에게 뭐라고 소곤거리고는 총총히 사라진다. 반쯤 넋이 나간 상태로 계속 "그런 법이 어딨어!"라며 울부짖는 아주머니를 남겨 둔 채.

4년째 법원을 출입하고 있는 법조 기자인 내게 이런 풍경은 더 이상 낯설지 않다. 웅성거리는 사람들 사이를 지나 아주머니에게 다가가 조심스레 물었다.

"왜 그러시는데요?"

얼굴에 눈물 자국이 선명한 아주머니가 미심쩍다는 표정으로 올려다본다. 아까 그 중년 남자보다 머리숱이 조금 많은 것 빼고는 복장이며 외모가 상당히 비슷하다는 데 생각이 닿자 나는 그만 움찔하고 만다. 그러나 뒷걸음질 치기엔 이미 너무 먼 길을 와 버렸다.

"저, 변호사 아니거든요."

아주머니는 그제서야 긴장을 풀고 한 많은 사연을 쏟아 내기 시작한다.

그런데 "안심하세요."도 아니고 "저 나쁜 사람 아니거든요."도 아닌 "변호사 아니거든요."라는 말이 어떻게 그 아주머니의 마음을 움직였을까.

아주머니가 전한 사연을 간단하게 정리하면 이렇다. 두 딸을 둔 그녀는 10년 전에 남편을 잃고 악착같이 일해 모은 돈으로 1억 몇천만 원쯤 되는 전셋집을 구해 살고 있었는데 그만 집주인이 전세금을 들고

:: 서초동 법조 단지. 왼쪽부터 대검, 지검, 법원이다.

'튀었다.' 어렵게 수소문해 집주인을 찾고 없는 돈을 쥐어짜 변호사를 선임해서 소송을 걸었는데 그만 패소했단다.

문제는 소송에 진 게 '변호사 탓'이라는 거다. 아주머니의 표현을 빌리면 "착수금만 받아먹고 도대체 한 일이 없다." 억울하고 분해서 변호사의 멱살을 잡고 한풀이를 하셨단다. 몇 번의 재판 기일에도 코빼기 한번 내밀지 않은 변호사 때문에 자신의 전 재산을 잃었다면서 "대체 이런 법이 어딨어요!"라며 내 소매를 붙든다.

하루에도 몇백 건의 재판이 열리는 법원에서 보기 드문 광경이 아니다. 바로 그 점이 '변호사는 돈만 밝힌다.'는 생각의 근거가 되기도 한다.

일단 소송에 휘말린 사람은 좋든 싫든 무조건 이겨야 한다. 승소하지 못하면 그동안의 마음고생이 허사가 된다. 그냥 허탈한 것으로 끝나는 것도 아니다. 소송의 결과물인 판결문을 받아도 '돈' 문제는 여전히

∷ 법원 검색대 풍경.

남는다. 상대방의 소송 비용을 물어야 하는 상황도 생기고, 변호사를 선임했다면 적게는 몇백만 원에서 많게는 억 단위의 금전적 손해도 안게 된다.

재판에 진 것도 억울하고 서러운데 돈까지 물어야 된다니. 돈을 받으려고 소송을 걸었는데 돈 한 푼 못 받고 오히려 돈을 줘야 한다니. 이보다 억울한 일이 또 있을까.

있다. 법원에서는 하루가 멀다 하고 그런 일이 일어난다.

사실 그 중년 남자가 아주머니 말대로 '악덕 변호사'인지, 아주머니가 정말 그 변호사의 '농간' 때문에 이길 수 있는 소송에서 패소했는지 나는 모른다. 그 후 아주머니가 억울함을 풀었는지, 아직도 계속 소송 중인지도 알 길이 없다. 하지만 그날 가슴을 치며 억울해 하던 아주머니의 얼굴이 지워지지 않는다.

"법이란 게 원래 그래요."

꽤 시간이 지난 일임에도 아직도 그때의 잔상이 남아 있는 이유는 병원과 법원의 풍경이 비슷하기 때문이다. 병원에는 언제나 '아픔'이 있고 그 아픔을 치료하는 의사가 존재한다. 아픔이 있기에 코를 찌르는 소독약 냄새만큼이나 쓸쓸한 곳이 병원이다.

법원을 오가는 사람들이 병을 앓고 있다는 점에서 법원은 병원과 마찬가지다. 친구의 배신, 혹은 이웃과의 다툼으로 법원을 찾는 사람들은 모두 마음의 병을 얻은 이들이다. 이혼을 앞둔 부부나 상속 문제로 서로 머리카락을 잡아 뜯는 형제들이나 모두 상처 입은 사람들이다. 차이가 있다면 법원 문을 나서는 부부나 형제, 혹은 이웃은 소송에서 이기든 지든 상관없이 마음의 병이 완치되지 않는다는 점이다. 법원은 병을 고치는 곳도 아니고, 그 병은 고쳐지는 것도 아니라는 얘기다.

그런데도 그들은 변호사를 의사처럼 생각하며 도움 받길 원한다. 도대체 이유가 뭘까.

답은 간단하다. 변호사보다 법을 모르기 때문이다. 또 주먹이 아닌 법으로 다툼을 해결해야 한다고 믿는 선량한 사람들이기 때문이다. 그들이 변호사 사무실 문을 열고 도움을 청할 때는 변호사가 자신의 고민과 어려움을 해결해 줄 것으로 믿는다. 의뢰인이 변호사와 자신을 일종의 운명 공동체로 여기는 것은 그런 면에서 당연하다.

하지만 소송에 이긴 사람이 있으면 분명히 진 사람도 있다. 마찬가지로 패소한 쪽 변호사도 있다. '변호사 멱살잡이'는 여기서 출발한다. 법을 모르는 내가 이만큼의 돈을 주고 당신에게 사건을 의뢰했는데 법을 잘 아는 당신이 어떻게 소송에서 질 수 있느냐는 거다. 이 경우 대

:: 서초동에 즐비하게 들어선 변호사 사무실.

개 "도대체 그런 법이 어딨어!"라는 말이 따라붙는다.

변호사는 억울하다. 패소한 것도 억울하고 의뢰인의 부탁을 제대로 들어주지 못한 것도 마음이 상한다. 열심히 준비하고 치밀한 논리로 무장해 여러 번의 공방을 펼쳤지만 결국 판사는 상대방 손을 들어주었다. 게다가 의뢰인이 모르는 '그런 법'을 잘 활용해서 소송에 대비했는데도 정작 의뢰인은 그 사실을 알아주지 않는다. 정말 억울하다.

하지만 이런 변호사를 '변호'해 줄 사람은 없다. 사무실에 몰려와 책상을 엎으며 난동을 부리는 의뢰인이 있어도, 그저 그를 진정시키는 일 말고는 할 수 있는 게 없다. 심한 경우 경찰에 신고하는 변호사도 있겠지만 아직까지 난동을 부리는 의뢰인을 경찰이 끌고 갔다는 소식은 들은 적이 없다.

전국에서 활동하는 변호사가 8000명이 넘는 요즘, 브로커를 고용해 편법으로 사건을 수임하는 변호사, 의뢰인에게 돌아갈 돈을 떼먹는 변호사, 심지어 조직 폭력배와 결탁한 변호사도 있다고 한다. 이런 예는 변호사 수가 늘어나면 늘어날수록 더 많아질 것이다. 변호사도 사람이기 때문이다. 물론 "돈 떼먹는 변호사가 사람이냐!"고 따진다면 딱히 할 말이 없지만 어쨌든 그들도 사람이다. 사람인 이상 돈을 밝히는 변호사도 있고 정의감에 불타 돈에는 별 관심 없는 변호사도 있다.

변호사는 '공익에 종사하는 사람'이기 때문에 마음대로 광고도 하지 못하는 게 현실이다. '공익'이 '무료 봉사'와 동의어가 아니라면 무료 법률 상담만 공익의 범주에 포함되는 것도 아니다.

판사를 천직으로 여기다가 자의 반 타의 반 법원을 떠나 지난해 변호사 사무실을 연 P 변호사는 돈보다는 '공익'에 더 무게를 두는 사람이다.

"착수금 800만 원에 수임한 형사 사건을 진행하는데 의뢰인이 한 번에 100만 원씩 나눠 가져오기에 형편이 어렵나 보다 싶었어요. 그래서 결국 200만 원만 받았어요."

변호사 시장이 얼어붙어 개인 파산 신청자까지 나오고 있는 마당에 '돈' 앞에 자유로운 변호사가 줄어드는 것은 당연할지도 모른다. 그래도 단순한 '사건'이 아닌 의뢰인의 '마음'을 수임하는 변호사, 순수한 마음으로 진정한 공익을 위해 봉사하는 변호사도 여전히 존재한다.

법정 입구에서 밝은 얼굴로 대화를 나누는 사람을 보는 건 쉽지 않다. 승소 판결을 받고 법정을 나서는 사람의 표정도 그리 밝지 않다. 짧게는 몇 개월에서 길게는 몇 년의 기다림에 지친 고단함이 그림자처럼 떠나지 않기 때문이다.

(소송) 당사자는 얼굴로 말하고 (대리) 변호사는 당사자의 얼굴로 말한다. 기자는 그 두 가지를 지면에 옮긴다. 법원에 출입하는 기자들은 그렇다.

판결에 깨끗이 승복하는 당사자도 있지만 대부분은 그렇지 않다.

승소한 당사자도 마찬가지다. 돈이면 돈, 땅이면 땅, 자신들의 요구와 달리 일부분만 갖게 됐다며 불복한다. 재판에 진 사람은 진 사람대로 억울하다며 항소하는 게 일상이 되었다.

판사도, 검사도 아니고 변호사는 더욱이 아닌 내가 "그런 법이 어딨냐!"며 울부짖는 아주머니에게 해 줄 수 있는 건 고작 이런 말을 건네는 것뿐이다.

"법이란 게 원래 그래요. 근데 변호사가 다 그런 건 아녜요."

법원에 가면 '그런 법'이 있고 '그런 변호사'도 있다. 법이란 게 그렇다.

판사를 위한 변명 - 판사님! 판사 놈?

2005년 2월 21일. 법원 안팎을 뜨겁게 달군 판결 기사가 등장했다. '억대 내기 골프, 도박 아니다'란 제목의 기사가 인터넷 포털 뉴스 카테고리에 뜬 이후 하루 종일 거의 모든 일간지와 방송사가 주요 기사로 내보낸 것이다. 모 종합 일간지는 '뇌물 주려면 내기 골프 치면 되겠네'라는 제목으로 시선을 끌었고, 모 인터넷 매체는 '이런 이런! 법원, 억대 내기 골프도 죄 없다 판결'이라는 제목을 붙여 주목을 받기도 했다.

이 판결이 부른 파장은 만만치 않았다. 언론사들은 앞 다퉈 판결의 의미와 각계의 반응을 내보내기 바빴고, 심지어 프로 골퍼의 의견을 묻는 신문도 있었다. 점심 식사를 마친 직장인들이 삼삼오오 모여 '도박이냐 아니냐.'를 놓고 열띤 논쟁을 벌이는 모습도 눈에 띄었다.

논란은 2002년 겨울, 제주도 한 골프장에서 1타에 50만 원 혹은 100만 원을 걸고 우승자에게 돈을 몰아주는 방식으로 6억 원대의 판돈이 걸린 골프를 쳐 상습 도박 혐의로 기소된 사람들에게 남부지방법원의 이 모 판사가 무죄를 선고하면서 비롯됐다.

내기 골프가 도박이 아니라는 재판부의 설명은 이렇다.

"도박은 화투나 카지노처럼 승패의 결정적인 부분이 우연에 좌우돼야 하는데, 운동 경기는 경기자의 기능과 기량이 지배적으로 승패에 영향을 끼치므로 운동 경기인 내기 골프는 도박이 아니다."

이 판결을 놓고 법조계에서도 찬반 양론이 팽팽했다. '신선한 판결'이라며 반기는 법조인이 있는가 하면 사행 심리 방지라는 측면을 도외시한 판결이라는 반론도 만만치 않았다.

좀처럼 논란이 가라앉을 기미가 보이지 않는 가운데 이 판사는 한 신문과의 인터뷰에서 "개인에 대한 비난보다 판결에 대한 논리를 따지는 건강한 논의가 이뤄지길 바란다."는 요지의 발언을 했다. 그의 바람대로 '내기 골프'에 대해 건강한 논의가 이뤄졌는지 어떤지는 확인할 수 없게 됐다. 그가 이 판결을 마지막으로 민사재판부로 옮긴 후 미국 연수 길에 올랐기 때문이다.

이 판결은 인터넷에서도 대단한 화제를 몰고 와 포털 사이트에 뜬 기사에 1000개가 넘는 댓글이 붙었다. 심심한 판결 기사에 이만큼 많은 댓글이 달리는 게 흔한 일은 아니다. '말도 안 되는 판결'이라는 의견이 대세였고 판사를 옹호하는 글은 극히 적었다. '극히'라는 말 이외에는 딱히 설명할 방법이 없을 만큼 이 판사를 성토하는 의견이 주를 이뤘다. 내기 골프를 친 사람들보다 판사가 더 많은 욕을 먹는 상황이 벌어진 것이다.

"총상금 60만 달러짜리 PGA 투어냐."

"있는 자 편에 선 판사는 더 이상 '님'이 아니라 '놈'이다."

판사 '님'이 그만 판사 '놈'이 돼 버렸다. 그동안 법원에 출입하며 만난 대부분의 판사들이 '님'에 가깝다고 여겼는데, 'gjthsl100' 같은 이름을 가진 사람들이 모여 사는 인터넷 세상에서는 그렇지 않은 모양이다.

판사가 졸지에 '놈'이 되는 일은 인터넷에서만 일어나는 현상은 아니다. '내기 골프' 판결 논란이 가라앉을 무렵, 재판부 사무실에 들를 일이 있어 엘리베이터 앞에 서 있다가 우연히 옆에 있던 할아버지 두 분의 대화를 듣게 되었다.

현 시국을 개탄하던 할아버지께서 "기자 놈들이 말야…."라며 갑자기 언성을 높이신다. 가슴이 철렁하여 귀를 쫑긋 세우고 들었지만 자세한 부분은 놓쳤다. 내심 어떤 '기자 놈'이 이분의 심기를 불편하게 했는지 궁금했다. 그래도 대 놓고 물어볼 만큼 강심장은 아니어서 모른 척 듣고만 있었다. 두 할아버지의 대화가 끊기는가 싶더니 "판사 놈들도…."라며 옆 할아버지에게 소곤대는 목소리가 들렸다. 분명 판사 '놈'이었다. 이런, 이런…. 어딜 가나 환영받지 못하는 기자와 같은 반열에 놓이다니, 그 판사님 누군지는 몰라도 참 안됐다.

공교롭게도 그분들과 같은 층에서 내린 나는 '나 기자요.'라고 이마에 써 있는 것도 아닌데 "야! 이 기자 놈아!"라는 호통 소리가 들리는 것 같아 쫓기듯 발걸음을 옮겼다.

판사를 만나 잠깐 얘기를 나눈 후 사무실을 나서는데, 어라? 아까 그 할아버지가 조정실에서 나오는 게 아닌가. 조카뻘이 될까 말까 한 판사에게 "판사님, 판사님." 하며 연신 허리를 굽히시면서.

1층에선 '놈'이던 판사가 십몇 층에선 '님'이 되는 것을 보며 개운치 않은 마음으로 하루를 보냈던 기억이 난다. 탈 권위의 시대를 살며 '님'이 '놈'이 되는 게 낯설지 않은 요즘이지만 그래도 찜찜한 이유는 그곳이 법원이기 때문이다.

'판사는 판결로 말한다.'는 소박한 진실 앞에 오늘도 수많은 판사가 캐비닛 안에 가득 쌓인 사건 기록을 넘기며 밤을 새우고 있지만 그 사실을 알아주는 사람은 별로 없다.

"유·무죄를 판단하는 것보다 형량을 어떻게 정할지 그게 더 고민입니다."

지금은 민사합의부를 이끌고 있는 L 부장판사가 형사 단독판사 시절을 회상하며 내게 한 말이다. 판사는 외롭다. 판사 3명으로 이루어진 합의부나 유·무죄와 형량을 혼자 결정해야 하는 단독판사 모두 자신의 판단에 한 사람의 운명이 바뀔 수도 있다는 생각에 마음이 무겁다. 머리를 쥐어뜯어 가며 고민한 끝에 판결로 '말해도' 돌아오는 것은 '판사 놈'이라는 댓글과 당사자의 거친 항의뿐이다.

높아만 보이던 법원 문턱이 낮아지면서 판사의 권위도 점차 내리막길을 걷고 있다. 결코 좋은 현상은 아니다. 운동 경기에 참가하는 선수와 관중이 심판을 믿지 못한다면 경기 그 자체에 의미가 없어지는 것과 마찬가지다. '님'이든 '놈'이든 중요한 건 심판을 믿는 일이다.

같은 판사를 두고 1층과 십몇 층에서 호칭이 달라져도 마음속으로는 판사를 믿는 마음이 있다고 고백하면, "판사 생활 시작한 지 1년 됐는데 일요일에 집에서 쉬어 보는 게 소원이에요."라며 한숨짓는 대한민국의 젊은 판사들에게 위로가 될까.

검사를 위한 변명 – 자장면을 먹는 이유

한 달 전부터 서초동 검찰청사 앞 ○○반점에서 배달원으로 일하기 시작한 P군은 저녁 식사 시간만 되면 정신이 없다. 북적대는 사람들과 밀려드는 배달 주문에 흐뭇한 사장의 표정과는 정반대다. 이마에 흐르는 땀을 닦을 새도 없이 배달 장소를 확인하느라 혼이 빠질 지경이다.

"저녁에는 좀 한가해야 하는 거 아녜요? 주변엔 사무실밖에 없는데…."

배달 가방에 나무젓가락을 던져 넣는 P군의 푸념이 계속된다.

"아니, 검사쯤 되면 그냥 밖에 나와 고기나 사 먹지…."

"뭘 시켰는데요?"

입가에 묻은 자장을 닦아 내며 물었다. P군은 자장면 그릇과 내 표정을 번갈아 살피더니 "자장 셋이요."라고 짧게 답하고는 배달 오토바이에 오른다. 늦으면 큰일이라도 날 것 같은 그의 모습에 "헬멧 안 써요?"란 말은 차마 할 수 없었다.

10분쯤 후, 돌아온 그는 숨 돌릴 틈도 없이 "지검 404호 짬뽕 둘, 볶음밥 둘."이라는 사장의 지시에 다시 배달 가방을 챙겨 뛰어나간다.

저녁 식사 시간, 교대역 사거리에 서 있으면 퇴근하는 차량에 서어스릴 넘치는 주행으로 쉴 새 없이 오가는 중국음식점 배달 오토바이를 만날 수 있다. 그들이 향하는 곳은 서울고검과 서울중앙지검이 들어선 검찰청사.

○○반점의 베테랑 배달원 L씨의 증언을 종합하면 저녁 식사의 경우 법원보다는 검찰 쪽 배달 물량이 많다고 한다. 이유를 물어보니 "아무래도 사람 앉혀 놓고 수사하는 곳이라 자리 뜨기가 쉽지 않으니까

요."라며 베테랑다운 대답을 내놓는다.

'죄는 미워해도 사람은 미워하지 말라.'는 격언도 있지만 죄를 파헤쳐야 하는 검사 입장에선 실체 없는 죄를 밝히기 위해 '사람'을 조사할 수밖에 없다. 죄 지은 사람이 순순히 자백해 주면 좋으련만 그 정도로 착하고 순한 사람이라면 죄를 짓지도 않았을 터. 낮부터 시작된 피의자와 검사의 씨름은 해 질 무렵까지 이어진다. 덩달아 바빠지는 곳은 배달 음식점이다. 청사 근처 중국음식점에서 '공수'한 간단한 음식으로 허기를 면하고 다시 피의자와 마주 앉는 풍경. 이것이 대한민국 검사와 수사관들의 현주소다.

게다가 언론은 툭하면 '과잉 대응'이니 '무리한 수사'니 하면서 검찰을 옭아매고, 군사 정권 시절 검찰의 어두운 이미지에 익숙한 일반인의 시선도 곱지 않기는 마찬가지다. 이래저래 검찰과 검사들은 사면초가인 셈이다. 한때 '검사스럽다.'는 조롱 섞인 유행어도 있지 않았나.

그런데 한두 사람 불러 앉혀 조사한다고 일이 끝나는 게 아니다. 계좌 추적을 통하거나 압수한 증거들을 잘 살펴 범죄의 결정적 단서를 발견하는 데 몰두하는 것도 검사들의 몫이다. 경우에 따라 다르지만 골치 아픈 사건을 만나면 일주일 정도 집에 못 들어가는 일도 허다하다.

며칠째 사무실에서 잠을 잤다며 "딸이 보고 싶어요."라던 어느 평검사에게 나는 "그냥 변호사 개업 하시지요."란 철없는 말을 건넨 적도 있다.

그런 내게 그는 이렇게 말했다.

"다른 직업도 마찬가지겠지만 검사는 소명 의식 없으면 버티기 참 힘들어요."

그 검사의 피곤한 표정 속에 비친 당당함이 잊히지 않는다.

"오신 김에 식사나 같이 하시죠. 가만있자…, 중국집 전화번호가…."

인적 드문 서초동 검찰청사. 형광등 불빛 사이로 중국음식점 배달의 기수 P군은 오늘도 달린다.

법조인, 아는 만큼 보인다!

| 김백기 |

1974년생. 2000년 인하대학교 법학과를 졸업한 후 법조 전문지인 법률신문사에 입사해 서초동 법원종합청사 기자실에 둥지를 틀었다. 마감 시간에 쫓기고 취재 경쟁에 시달리지만 변화하는 사법부의 한가운데에 있다는 생각에 보람을 느끼는 4년차 기자다. (블로그 http://blog.naver.com/skywalkerb.do)

― 판사·검사·변호사 공통 질문

1. 어떻게 해야 법조인이 될 수 있나요?

판사, 검사, 변호사를 묶어 흔히 '법조인(法曹人)'이라고 부릅니다. 공식 용어는 아니지만 판사와 검사를 재조(在曹), 변호사를 재야(在野)로 구분하기도 합니다.

법조인이 되려면 우선 국가에서 관리하는 자격시험을 통과해야 합니다. 법무부가 주관하는 이 시험의 정식 명칭은 '사법시험'입니다. 일반인들에게는 '사법고시'라는 용어가 더 친숙할지도 모르겠지만, 공무원 임용 시험인 '고등고시 사법과'가 1963년 폐지되고 1964년부터 자격시험인 '사법시험'으로 대체됐기 때문에 엄밀히 말하면 '사법고시'는 잘못된 표현입니다.

법무부는 매년 12월 말 다음 해에 있을 사법시험 절차를 공고합니다. 사법시험은 1~3차로 나눠 시행되며 1년에 한 번 치러집니다. 사법시험 합격자는 사법연수원에서 2년 동안 실무 교육을 받게 되며 사법연수원을 수료하면 기본적으로 변호사 자격을 얻습니다.

판사나 검사로 임용되는 데에는 사법시험 성적과 연수원 성적 등이 변수로 작용합니다. 수요·공급의 원리가 엄격하게 적용되진 않지만 아무래도 판·검사 자리가 적다 보니 성적이 좋아야 되는 것이 현실입니다. 적성 등을 이유로 판·검사를 지원하지 않는다 해도 대형 로펌 등으로 진출하기 위해 연수원에서 치열한 경쟁을 벌이기도 합니다. 그래서인지 사법시험에 합격한 이후 연수원 입소 전까지 개인 교습을 받는 등 수험생보다 더 열심인 사람도 많은 게 요즘 고시촌 풍경이기도 합니다.

하지만 이런 모습도 몇 년 후면 또 달라질 것 같습니다. 법학 교육 정상화와 다양한 경력의 법조인 양성 등을 이유로 정부가 로스쿨 도입을 결정했기 때문입니다. 정식 명칭이 '법학전문대학원'인 로스쿨은 2008년 첫 입학생을 받습니다. 로스쿨은 법조인 양성 제도인 사법시험을 완전히 대체하는 제도로 법조계뿐 아니라 우리나라의 법률 시장에 큰 변화를 가져올 것으로 예상됩니다. 법무부가 주관하는 사법시험 제도와 달리 로스쿨 제도는 교육인적자원부가 설치와 운영 등을 주관하게 됩니다. 3년 과정인 로스쿨 입학 자격은 학부 졸업생으로 제한되며 로스쿨 측은 지원자의 학부 성적과 적성시험 결과, 어학 능력, 사회 경력이나 봉사 활동 경력 등 다양한 요소를 검토해 입학 여부를 결정합니다. 법학 전공자가 주로 응시했던 사법시험과 달리 로스쿨 법안은 정원의 3분의 1 이상을 법학 이외의 학사 학위 소지자로 채우도록 강제하고 있습니다.

로스쿨 도입에 있어 가장 큰 난제는 교육부가 2006년 중으로 확정할 예정인 '로스쿨 정원'입니다. 현재 사법시험을 통해 매년 1000여 명의 법조인이 배출되고 있는데, 학계와 시민 단체 등은 이보다 2~3배가량 많은 로스쿨 정원을 요구하지만 법조계는 변호사 공급 과잉이 우려된다며 반대하고 있어 진통이 예상됩니다.

또 몇 개의 대학에 로스쿨 인가를 내줄 것인가도 논란의 대상입니다. 로스쿨이 설치되는 대학은 법학부를 폐지해야 하지만 로스쿨 설치 여부가 대학의 지명도와도 직결되는 문제여서 대학마다 유치 경쟁이 치열합니다.

실무 위주의 교육을 받은 로스쿨 졸업생은 변호사 자격시험을 거쳐 '법조인'으로 거듭나게 됩니다. 로스쿨 과정을 정상적으로 이수한 사람 중 80퍼센트가량이 변호사가 될 수 있도록 해야 한다는 것이 법조계와 학계의 바람입니다.

로스쿨이 시행돼도 기존의 사법시험은 2012년까지 존속합니다. 로스쿨 첫 졸업생이 배출되는 2011년과 그 이듬해까지는 사법시험 출신 법조인과 로스쿨 출신 법조인이 공존하게 되는 셈입니다.

2. 법조인이 되려면 꼭 법대에 진학해야 하나요?

그렇지 않습니다. 현행 사법시험은 응시 자격을 법학 전공자로 한정하지 않습니다. 2005년에 실시된 사법시험 합격자 1001명 중 27.9퍼센트에 해당하는 279명이 비법학 전공자입니다.

다만 시험 과목이 법학이다 보니 법학을 전공한 사람이 법률 용어 등을 쉽게 이해할 수 있다는 장점은 있습니다. 특히 법대 출신 선배 법조인들을 통해 효과적인 수험 준비 방법 등을 알 수 있다는 것도 장점 중 하나입니다.

꼭 법대생일 필요는 없지만 2006년 사법시험부터는 법학 과목 35학점을 이수한 사람만 응시할 수 있습니다. 원칙적으로 법학 학위 과정에 개설된 과목이 기준이 되며 4년제 대학은 물론 사이버 대학 등 인가받은 원격 대학의 학위 과정에 개설된 법학 과목을 이수하는 것도 가능합니다.

그러나 2008년부터는 로스쿨이 도입될 예정이기 때문에 법학 전공 여부는 점점 의미를 잃을 것으로 생각합니다.

3. 사법시험에 대해 자세히 알려 주세요.

사법시험은 '사법시험법'이 정한 절차에 따라 법조인을 선발하기 위한 제도입니다. 2001년까지는 행정자치부 고시과에서 주관했으며, 2002년 이후부터 현재까지는 법무부 법조인력정책과에서 주관하고 있습니다.

사법시험은 일반 공무원 시험과는 달리 나이, 학력 등의 제한이 없습니다. 국가공무원법 33조에서 정하고 있는 결격 사유에만 해당하지 않는다면 외국인도 응시할 수 있습니다. 단, 토플 등 외국어 공인 성적이 기준 미달인 사람은 응시할 수 없습니다. 응시 원서를 낼 때 법학과목 35학점 이상을 이수했다는 증빙 서류와 함께 토플은 PBT 530·CBT 197점, 토익 700점, 텝스는 625점 이상 받은 성적표 중 하나를 첨부해야 합니다.

사법시험은 1~3차로 나눠 시행되며 1차는 객관식, 2차는 논술형

주관식, 3차는 면접으로 치러집니다. 1차 시험 과목은 헌법, 민법, 형법이 필수 과목이고 형사정책, 법철학, 국제법, 노동법, 국제거래법, 조세법, 지적 재산권법, 경제법 중 한 과목을 선택하게끔 되어 있습니다. 필수 과목은 과목당 40문항, 선택 과목은 과목당 25문항이 출제되고 필수 과목은 100점 만점, 선택 과목은 50점 만점입니다. 어느 한 과목이라도 40점 미만이면 총점이 아무리 좋아도 불합격으로 처리됩니다. 보통 최종 선발 인원의 2~3배수를 성적순으로 선발합니다.

　2차 시험은 1차 시험에 합격한 사람만이 응시할 수 있으며 수험생들은 나흘간 헌법, 민법, 형법, 민사소송법, 형사소송법, 상법, 행정법 등 7개 과목에 대한 시험을 치릅니다. 역시 어느 한 과목이라도 40점 미만(과락)이면 불합격되며 문제는 서술형, 사례형, 근거 제시형 등 다양한 형태로 출제됩니다. 그해 선발 예정 인원에 맞춰 성적순으로 합격자를 선발하며, 선발 예정 인원은 응시자들의 점수 등을 고려해 결정합니다. 1999년부터 매년 900~1000명 내외를 선발하고 있습니다.

　지난 3년간 합격선은 2003년 905명 합격에 평균 42.64점, 2004년은 1009명 선발에 평균 47.36점, 2005년은 1001명 선발에 평균 48.74점을 기록했습니다. 40점에서 50점 사이인 합격점이 말해 주듯 2차 시험은 과락 여부가 시험의 당락에 중요한 영향을 미칩니다.

　2차 시험을 통과한 사람은 마지막 관문인 면접시험을 치르게 됩니다. 면접시험 위원은 법조인으로서의 국가관·사명감 등 윤리 의식, 품행, 창의력, 의사 표현력 등을 종합적으로 고려하여 평점 요소마다 상(3점), 중(2점), 하(1점)로 매겨 평균 10점 이상인 사람을 합격시킵니다. 다만 시험 위원 과반수가 어느 하나의 요소에 '하'를 매긴 경우 그 사람은 불합격으로 처리됩니다. 3차 시험 불합격자가 흔하지는 않습니다만, 2002년 사법시험 2차 합격자 중 1명이 면접시험에서 불합격된 경우가 있었습니다.

4. 사법연수원에선 무엇을 하나요?

치열한 경쟁을 뚫고 사법시험에 합격한 기쁨도 잠시, 합격생들은 곧 사법연수원에 입소해 2년간의 실무 수습 과정을 밟게 됩니다. 합격생들은 2년 동안 1학기 기초 과정, 2학기 발전 과정, 3학기 임상 과정, 4학기 완성 과정 등 총 4학기에 걸친 실무 교육을 받습니다. 이 기간에 기본적인 민·형사법 외에도 조세, 지적 재산권 등 다양한 전문 분야의 법률 지식을 쌓게 됩니다. 사법시험 공부가 법조인의 자격을 가늠하는 관문이었다면 사법연수원 실무 교육은 법조인의 능력을 키우는 단계라고 볼 수 있습니다.

연수생들은 이론 공부 외에도 다양한 실무 연수를 통해 실력을 배양합니다. 1, 2학기에는 주 5일간 매일 약 4시간씩 민·형사, 검찰, 변호사 실무를 포함한 실무 수습과 법률구조공단, 시청 등에 파견돼 법률 상담을 통한 봉사 활동도 해야 합니다.

또 학기 후반부와 3학기에 걸쳐 법원, 검찰, 변호사 각 2개월씩 6개월의 실무 수습을 받으며, 1개월간은 전문 분야이 실무 수습을 받습니다. 법원 수습 때는 사건 기록을 검토하고 판결문 작성 요령 등을 배우게 되며, 검찰 수습 기간에는 검사직무대리로 발령받아 각종 사건의 수사, 공소 유지 업무도 맡아 처리합니다. 변호사 수습 기간에는 각 변호사회의 지도 변호사 사무실에서 소송 서류의 작성 방법 등에 관한 교육을 받습니다. 그리고 1개월간은 민법, 형법, 조세법, 지적 재산권법, 국제법 등 전공 계열별 전문 분야의 실무 수습을 하게 됩니다.

실무 수습이 끝나면 다시 연수원으로 돌아와 4학기 원내 교육을 받습니다. 그동안의 교육 성과를 정리하고 판사, 검사, 변호사 등 자신의 적성에 맞는 진로를 결정합니다.

판·검사의 경우 보통 정원보다 지원자가 많아 연수원 성적이 진로에 큰 영향을 미칩니다. 매년 약간의 변화는 있지만 판·검사로 임용되기 위해서는 연수원 성적이 상위 20~30퍼센트 내에 들어야 한다고 알려져 있습니다. 물론 사법시험 2차 성적도 중요한 요소로 작용합니다. 이런 부담 때문인지 연수생들은 매 학기마다 치러지는 시험 등 평가에서 좋은 성적을 받기 위해 사법시험을 준비할 때보다 더 열심히 공부합니다.

지난 2001년에는 사법연수원 수료를 앞두고 마지막 시험을 치르던 연수생이 시험 직후 과로로 쓰러져 숨지는 안타까운 사건이 발생하기도 했습니다.

5. 판사를 하다가 검사를 할 수도 있나요?

물론 가능합니다. 또 검사를 하다가 판사를 할 수도 있고, 변호사로 일하다가 판·검사가 될 수도 있습니다. 판·검사, 변호사 간의 장벽이 없어지는 것을 '법조 일원화'라고 부르는데 앞으로 이 같은 현상은 더욱 늘어날 것 같습니다.

매년 신규 임용되는 판사나 검사에 사법연수원 수료생들이 지원하는 것이 대부분이지만 일정한 자격이 있는 변호사도 지원할 수 있습니다. 판사와 검사 간의 이동도 많지는 않지만 종종 볼 수 있습니다.

대법원은 변호사들에게 법관 임용의 문을 활짝 열어 매년 초 실시되는 정기 인사 때 변호사와 검사들을 대거 법관으로 임용한다는 방침입니다. 실제로 대법원은 지난 10년 동안 인품과 덕망을 갖춘 검사, 변호사 100여 명을 법관으로 임용해 왔습니다.

특히 대법원은 2012년까지 신규 임용 법관의 50퍼센트를 변호사와 검사 중에서 선발한다는 계획이어서 각 직역 간의 직무 교류가 더욱 활성화될 것으로 예상됩니다.

- 판사

1. 판사는 어떤 일을 하나요?

판사는 '재판을 하는 사람'입니다. 헌법에는 "법관은 헌법과 법률에 의하여 양심에 따라 독립하여 심판한다."고 되어 있습니다. 얼핏 간단해 보이지만 실제로 재판과 관련된 업무는 매우 다양합니다.

형사재판부 판사는 피고인이 범죄자인지 여부를 가려 법에 정한 형량대로 선고하거나 무죄를 선고해야 합니다. 사건마다 차이가 있겠지만 유·무죄를 가리기까지 몇 번의 공판이 진행되는 게 보통이고, 그 기간 동안 증거를 채택하고 재판을 주관합니다.

민사재판부 판사는 사람들 사이의 민사 분쟁에 대해 판단을 내려 어느 한쪽의 손을 들어주게 됩니다. 원고와 피고의 주장을 충분히 듣고 법리에 따라 판단합니다. 책상이나 법정에서만 일하는 것처럼 생각되지만 현실이 꼭 그런 것은 아닙니다. 민사 재판의 경우 한쪽 당사자가 "직접 가서 판단해 주세요."라고 요청하면 서울에서 강원도까지 '검증'을 나가는 경우도 있습니다.

또 검찰에서 구속 영장을 청구한 피고인에 대해 영장 발부 여부를 판단하는 영장 전담 판사, 파산한 회사를 관리하는 파산부 판사 등 다양한 분야에서 직무를 수행합니다.

2. 판사의 직급은 어떻게 되나요?

현재 판사의 직급은 공식적으로 사라졌습니다. 굳이 단계를 구분하자면 사법부의 수장인 대법원장을 정점으로 대법관-일반 법관-예비 판사로 나뉘어 있습니다.

직급으로 볼 수는 없지만 맡은 보직에 따라 일반 법관은 법원장, 고등법원과 지방법원 또는 지원의 합의부 부장판사와 배석판사, 단독판사 등으로 나눌 수 있습니다.

예비 판사는 사법연수원을 수료한 후 신규 임용된 법관으로 2년간의 근무 성적을 참고하여 판사로 임용됩니다. 임명권자는 대법원장입니다.

3. 판사의 정년은 언제까지인가요?

대법원장과 대법관의 임기는 6년, 일반 법관은 10년입니다. 대법원장은 연임할 수 없지만 대법관과 판사는 연임할 수 있습니다. 대법원장의 정년은 70세, 대법관의 경우 65세, 일반 법관은 63세입니다.

4. 판사의 보수는 어느 정도인가요?

법관의 보수는 법률로 정하며 대법원장, 대법관, 법관으로 구분해 근속 연한에 따라 1~17호봉으로 나눠 지급합니다.

지난 2004년의 경우 대법원장은 월 615만 1000원, 대법관은 월 416만 8000원을 받았으며 사법연수원을 수료한 초임 판사는 2호봉으로 월 155만 1300원을, 경력 31년의 17호봉 법관은 월 404만 8900원을 받았습니다. (수당 등을 제외한 액수이기 때문에 실제 보수는 더 많습니다.)

5. 판사로서 갖추어야 할 품성이나 자질이 있을까요?

판사는 사법권을 행사하는 막강한 힘을 가진 반면, 당사자 간의 분쟁이나 피고인의 유·무죄 등을 최종적으로 판단해야 하는 큰 책임도 지고 있습니다. 판사의 판단 여하에 따라 한 사람의 인생이 나락으로 떨어질 수도 있다는 사실을 항상 염두에 두어야 하고, 법률에 근거해 중심을 잃지 않도록 항상 조심해야 합니다. 판사에게 가장 필요한 덕목은 균형 감각이기 때문입니다.

또 공정함을 최우선으로 하기 때문에 치밀한 법 논리로 무장하기 위한 노력과 함께 세상을 넓게 보는 시야를 갖는 것이 필요합니다.

6. 판사의 노동 강도는 어느 정도입니까?

어느 법원에 근무하는가에 따라, 어떤 보직을 맡고 있느냐에 따라 다르겠지만 판사는 결코 한가한 직업은 아닙니다. 재판은 보통 일주일에 한 번 혹은 두 번이지만 판사 혼자 처리해야 하는 사건이 한두 건이 아니어서 정시 퇴근이 쉽지 않습니다. 또 재판이 길어질 경우 밤 10시까지도 법정에 앉아 있어야 되는 경우도 있습니다.

늘 100~300건의 사건이 쌓여 있는 재판부의 판사들은 서류 더미에 치여 산다고 해도 과언이 아닙니다. 게다가 한 사건에 답변서, 감정서 등 이런저런 서류가 붙으면 웬만한 사건 기록 두께가 한 뼘을 넘어갑니다. "(사건을) 털어도 털어도 쌓인다."는 판사들의 푸념이 나오는 것도 그 때문입니다.

7. 판사라는 직업의 미래 전망은 어떻습니까?

어느 직업이나 전망을 말하기는 쉽지 않습니다. 시대가 변하고 환경이 변함에 따라 각광 받는 직업도 있고 반대로 인기가 시들해지는 직업도 있으니까요. 근대적인 사법시험 제도가 도입된 이후 지금까지 판사는 늘 인기 있는 직업이었고 선망의 대상이기도 했습니다. 무엇보다 확실한 신분 보장과 사회적인 존경 때문이겠지요. 앞으로도 이 점은 변함이 없을 듯합니다.

- 검사

1. 검사는 어떤 일을 하나요?

검사는 법을 지켜야 하는 사람입니다. 법을 준수해야 하는 것은 물론이고 법을 '수호'해야 할 책임이 검사에게는 있습니다. 이를 두고 흔히 '검사는 공익의 대표자'라고 합니다. 법질서를 유지하기 위해 범죄자를 소탕하고 범죄 피해자와 일반 국민의 인권을 보호해야 하기 때문입니다.

검사는 경찰을 지휘하며 범죄의 증거를 수집하고 분석합니다. 유죄를 입증할 수 있는 증거를 모으고, 법률 문제를 검토한 후 공소를 제기하고, 재판이 진행되는 동안 공소를 유지하는 역할을 담당합니다. 또 국가를 상대로 하는 소송의 당사자가 되어 국가의 입장을 대변하기도 합니다.

2. 검사의 직급은 어떻게 되나요?

검사는 각자 국가를 대표하여 검찰권을 행사하는 권한을 가진 독립 행정 관청이지만, 검찰총장을 정점으로 상명하복의 관계로 조직돼 있습니다. 이를 '검사동일체(檢事同一體)의 원칙'이라고 합니다. 검찰 조직이 지나치게 경직된 의사 결정 구조를 갖고 있다는 비판이 검찰 안팎으로 제기되자 강금실 법무부 장관 시절 상명하복이 규정된 검찰청법을 손질하긴 했지만 완전히 수평 구조로 변한 것은 아닙니다.

검찰총장 아래에 검사장, 검사 순입니다. 검찰총장은 국내 검찰 사무를 통할하며 소관 검찰청의 공무원을 지휘·감독합니다. 고등검찰청과 지방검찰청의 검사장은 해당 검찰청의 사무를 처리하며 소속 공무원을 지휘·감독합니다. 검찰총장, 검사장, 지청장은 소속 검사의 직무를 자신이 직접 처리할 수 있고, 자신의 권한에 속하는 직무의 일부 또는 소속 검사의 직무를 다른 소속 검사가 처리할 수 있게 지시할 수 있습니다. 이 모든 것이 '검사는 하나다.'라는 동일체 원칙에서 파생된 것이지요. 따라서 범죄의 수사나 공판 관여 등 일체의 검찰 사무를 취급하는 도중에 다른 검사와 교체되어도 소송법상의 효과에는 변함이 없습니다. 이 때문에 "검찰은 결제 도장이 하나다."라는 말도 회자됩니다.

3. 검사의 정년은 언제까지인가요?

검찰청법에 따르면 검찰총장의 정년은 63세이며, 그 밖의 검사는 60세까지로 정하고 있습니다. 다만 판사의 신분 보장은 헌법상 보장되어 있는 반면, 검사의 신분 보장은 검찰청법상의 보장이라는 점에 차이가 있습니다.

4. 검사의 보수는 어느 정도입니까?

봉급 체계를 판사와 연동시켜 놓았기 때문에 검사의 보수는 판사와 비슷한 수준입니다.

5. 검사로서 갖추어야 할 품성이나 자질이 있을까요?

드라마나 영화에 등장하는 검사의 이미지는 정의감에 온몸을 던져 범죄를 쫓는 모습입니다. 그러나 드라마나 영화에선 검사가 왜 그렇게 범죄를 소탕하려고 애를 쓰는지에 대해서는 설명하지 않습니다.

모든 직업이 그렇겠지만 검사는 소명 의식 없이는 버티기 힘든 직업입니다. 범죄자를 많이 잡는다고 승진되는 것도 아니고 보수가 특별히 높은 것도 아닙니다. 검사는 범죄인을 상대해야 하고 숨은 범죄를 찾아내야 합니다. 치밀한 성격과 때로는 집요하리만치 파고드는 자세가 필요한 것도 그 때문입니다.

법질서 수호를 사명으로 하기 때문에 법의 근간이 되는 건전한 국가관도 빼놓을 수 없는 검사의 자질 중 하나입니다.

검찰청법은 검찰총장을 제외한 모든 검사들을 대상으로 임명된 해부터 7년이 되는 해마다 적격 심사를 받도록 규정하고 있습니다. 이 규정에 따라 교수, 변호사 등으로 이루어진 심사위원회는 심사 결과 직무 수행 능력이 현저히 떨어지는 검사의 경우 법무부 장관에게 퇴직을 건의할 수 있습니다. 지난 2004년에 처음 실시된 적격 심사에서 집중 검토 대상에 오른 검사 1명이 심사 도중 자진 사퇴하기도 했습니다.

6. 검사의 노동 강도는 어느 정도인가요?

한때 '내 탓이오.'라는 구호가 유행하던 적이 있었습니다. 모두가 그런 생각으로 살면 좋겠지만 불행히도 대부분의 사람들은 자신의 잘못도 남의 탓으로 돌리곤 합니다. 하물며 범죄자로 의심받는 사람이 검찰청에 불려 가 "내가 죄인이오."라고 자백하는 일은 아예 없다고 봐도 무방합니다. 그런 피의자들을 상대로 자백을 받아 내거나 범죄의 확실한 증거를 잡아내는 일이 쉽지 않은 건 당연합니다. 그 쉽지 않은 일을 검사가 합니다.

검사의 노동 강도는 사회에 얼마나 많은 범죄와 범죄자가 생기느냐에 비례합니다. 안타깝지만 현재 검사들은 우리 사회에 만연한 범죄에 치여 사는 '피해자'들이라고 해도 과언이 아닙니다. 때로는 밤새 서류 더미와 싸워야 하고, 오리발 내미는 피의자들과 입씨름을 벌여야 합니다. 발뺌하는 피의자 때문에 울컥해 조금이라도 '무력'을 행사하게 되면 그날로 그 검사는 '반인권 검사'로 낙인찍혀 범죄자보다 더한 비난을 받게 되는 경우도 생깁니다.

그래도 다행인 것은 이렇게 힘들지만 여전히 검사를 천직으로 여기는 대한민국 검사들이 많다는 사실입니다.

7. 검사라는 직업의 미래 전망은 어떻습니까?

범죄가 없어지지 않는 한 검사라는 직업도 사라지지 않습니다. 절대 사라질 수 없는 직업이기도 할 뿐더러 범죄가 다양해질수록 검사의 역할도 그만큼 중요해집니다.

다만 최근 검찰 안팎으로 개혁에 대한 요구가 높아져 사회 각 분야로부터 비판의 대상이 되고 있는 것이 검사들의 사기에 영향을 미치고 있습니다. 이런 이유 때문인지 해마다 검찰을 떠나는 검사의 수가 늘어나고 있습니다. 지난 2001년 42명, 2002년 41명 수준이던 이직 검사가

2003년에는 63명으로 크게 늘었고, 2005년에는 70명을 넘어섰습니다. 게다가 대기업이나 로펌에서 상당한 보수를 제시하며 영입하는 경우가 늘어나면서 검사의 이직 현상은 당분간 계속될 것으로 보입니다.

- 변호사

1. 변호사는 어떤 일을 하나요?

대한변호사협회는 변호사의 직무에 대해 "변호사는 공공성을 지닌 법률 전문직으로서 국민의 기본적 인권을 옹호하고 사회 정의를 실현하며 사회 질서 유지 및 법률 제도의 개선에 노력하여야 할 사명이 있다."라고 정의하고 있습니다.

흔히 변호사 하면 '돈'을 먼저 떠올리지만 우리나라는 아직 변호사에게 '공공성'을 강조하고 있습니다.

변호사의 주된 일은 소송 대리입니다. 법원에서 민사 사건 의뢰인의 대리인, 형사 사건 변호인의 역할을 합니다. 기업에 소속된 변호사는 계약서 검토, 분쟁 협상 등 기업 법무를 처리하기도 합니다.

사회가 복잡·다양해지고 일반 국민들의 법률 수요가 늘어나면서 변호사가 할 일도 많아지고 있습니다. 소송 수행이 변호사의 주된 업무이긴 하지만 M&A, 상사 분쟁, 연예 분야, 스포츠 에이전트 등의 법률 수요가 늘어나는 것과 동시에 변호사가 할 수 있는 일도 점차 늘어나고 있습니다. 일례로 최근 영국 프리미어 리그에 진출한 박지성 선수를 배출한 중·고등학교와 대학교가 박 선수를 키운 대가로 맨체스터 유나이티드 구단으로부터 수천만 원씩을 받은 일이 있습니다. 이는 다른 구단에서 선수를 스카우트할 때 그 선수를 키워 준 클럽이나 학교에 금전적으로 보상해야 한다는 국제축구연맹(FIFA) 규정에 따른 것입니다. 국내 축구 전문가들조차 이런 규정이 있는지 몰랐지만 박 모 변호사가 이 규정을 찾아내어 박지성 선수의 모교들이 맨체스터 유나이티드 구단으로부터 지원금을 받을 수 있게 했습니다. 변호사의 업무가 법정에만 한정되지 않는다는 방증입니다.

2. 변호사의 직급은 어떻게 되나요?

로펌이나 기업에 소속된 변호사, 개인 사무소를 운영하는 변호사, 변호사 몇 명이 모여 사무소를 만든 경우 등 다양하기 때문에 고정된 직급은 없습니다.

단지 로펌의 경우 대표 변호사, 파트너 변호사, 소속 변호사 등으로 나뉘기도 합니다. 또 기업에서 근무하는 변호사의 경우 사장부터 대리까지 회사 직급을 따를 수도 있습니다.

3. 언제까지 변호사로 일할 수 있나요?

변호사에게 정년이라는 개념은 없습니다. 열정이 있고 건강만 허락하다면 의뢰인이 존재하는 한 일할 수 있습니다. 로펌이나 기업에 소속된 변호사의 경우 더 나은 조건을 찾아서 자리를 옮기거나 단독으로 사무실을 여는 등 약간의 변화는 있을 수 있지만 기본적으로 변호사는 '죽을 때까지' 할 수 있습니다.

4. 변호사의 보수는 어느 정도인가요?

한마디로 천차만별입니다. 한 해에 700명 가까운 변호사가 쏟아져 나오는 무한 경쟁 시대에 돌입한 요즘, 사무실 임대료만 간신히 내고 있는 변호사도 있고 한 해에 수억 원에서 수십억 원의 수입을 올리는 변호사도 있습니다. 또 수입과 관계없이 공익 단체에서 박봉을 받으며 일하는 변호사도 있습니다.

수십억 원 또는 수백억 원의 이해가 걸린 소송 당사자들은 어떤 수단을 써서라도 승소하고 싶어 합니다. 이 경우 수임료가 천정부지로 오르는 것은 당연한 현상입니다. 아직 전관예우의 관행이 완전히 사라지지 않은 현실에서 법원이나 검찰의 고위직을 역임한 변호사에게 소송가격이 큰 사건이 몰리는 것도 이 때문이지요.

5. 변호사도 종류가 있나요?

굳이 나누자면 로펌 변호사, 기업 소속 변호사, 공익 단체에서 근무하는 변호사, 개인 변호사 등으로 나눌 수 있습니다.

우리나라는 변호사라는 직업에 대해 '공공성'을 유난히 강조하고 있습니다. 이 때문에 변호사는 자신을 홍보할 수 있는 수단이 없습니다. 외국, 특히 미국의 경우 TV를 켜면 변호사들이 나와 자신은 이런 분야가 전문이다, 맡겨만 달라는 광고가 쏟아져 나오지만 우리는 상황이 다릅니다.

또 변호사 사무실 간판에 '○○ 전문 변호사'라는 말도 쓸 수 없습니다. 단지 '개인 파산, 회생' 정도로 완곡하게 피해 가고는 있습니다만 아직 전문 변호사라는 개념이 희박합니다. 그러나 분명히 자신만의 분야를 특화해 확실한 입지를 굳힌 변호사들이 있습니다. 이를테면 교통사고, 이혼 등 가사 사건, 연예 분야 등에서 탁월한 능력을 보이는 변호사들이 점점 많아지는 추세입니다.

6. 변호사로서 갖추어야 할 품성이나 자질이 있을까요?

변호사는 의뢰인을 떠나 생각할 수 없습니다. 의뢰인의 이익을 위해 자신의 법률 지식과 능력을 활용해야 합니다. 하지만 법률 전문가로서의 공공성도 무시할 수는 없기 때문에 항상 '공익'을 염두에 두어야 합니다.

판사에게 균형 감각, 검사에게 국가관과 도덕성이 필요하다면 변호사에겐 '서비스 정신'이 매우 중요한 자질이라고 할 수 있습니다. 특히 변호사 수가 점점 늘어나고 있는 상황에서 서비스 정신으로 무장한 변호사가 그렇지 못한 변호사보다 수요자에게 더 가깝게 다가갈 수 있을 것입니다.

7. 변호사의 노동 강도는 어느 정도인가요?

변호사는 기본적으로 자영업자이기 때문에 사건 의뢰가 특별히 적은 경우가 아니라면 본인 스스로 업무량을 조절할 수 있습니다. 다만 기업 소속 변호사의 경우 조직에 속해 있다 보니 다른 부서 또는 자신의 부서 자체의 업무량에 따라 노동 강도가 달라지기도 합니다. 로펌 소속 변호사들도 마찬가지입니다. 아침부터 저녁까지 하루 종일 회의가 이어지는 경우도 있고, 외국과의 무역이 활발한 요즘에는 외국 시차에 맞춰 살아야 되는 경우도 생깁니다. 오랜만에 친구들을 만나 술자리를 갖고 헤어질 즈음 "조금 있다 미국 기업 변호사와 전화 회의를 해야 한다."며 새벽 1시쯤 다시 사무실로 들어가는 변호사도 있으니까요.

8. 대형 로펌에 취업할 때 성, 연령, 학벌에 따른 차별이 있나요?

물론 "전혀 없다."고 말하긴 곤란하지만 그렇다고 "만연해 있다."고 말하기도 애매합니다. 이런 종류의 차별은 늘 보이지 않는 형태로 일어나기 때문입니다. 그러나 로펌이나 기업에서 미혼 여성 변호사, 특히 연수원을 갓 수료한 여성 변호사를 꺼린다는 것은 법조계에서는 공공연한 사실입니다.

일단 대형 로펌에 입사하기 위해서는 사법시험 성적과 연수원 성적이 상위권이어야 합니다. 대형 로펌에 취업한 변호사가 모두 다 그런 것은 아니지만 통계적으로 볼 때 상위권 성적을 받은 연수원 수료생이 대형 로펌으로 가는 게 현실입니다.

9. 변호사라는 직업의 미래 전망은 어떻습니까?

"공급이 수요를 창출한다."는 말이 있습니다. 지금의 변호사 업계는 말 그대로 공급이 수요를 창출하지 않으면 큰 위기를 맞게 될 상황입니다. 법률 수요는 크게 늘지 않는데 변호사 시장에 쏟아져 나오는 새내기 변호사들은 매년 기하급수적으로 늘고 있습니다. 액수가 큰 사건은 명망 있는 판·검사 출신 변호사가 독식하고, 그나마 남은 사건도 수임하는 게 말처럼 쉽지 않은 상황입니다. 심지어 변호사를 상대로 한 신용 대출금이 회수되지 않아 은행의 고민이 크다는 얘기도 나옵니다. 앞으로 로스쿨이 도입돼 변호사 수가 더 늘어나면 상황이 훨씬 더 악화될 것입니다.

그러나 '법은 법원, 검찰에만 존재한다.'는 인식이 점점 바뀌고 있습니다. 이런 인식 변화로 인해 법률 전문가를 필요로 하는 경우가 늘어나고 있습니다. 만약 이런 추세가 계속된다면 변호사라는 직업은 법원, 검찰청사 주변의 좁은 공간에서 인맥과 학맥으로 연결된 '그들만의 잔치'에서 벗어나 변호사로서의 능력이 절대 기준이 되는 경쟁 체제로 접어들게 됩니다. 굴러 들어오는 사건만 잘 받아 넘기면 그만이던 시대는 이제 다시 오지 않게 되는 셈입니다.

지금도 젊은 변호사들을 중심으로 새로운 법률 시장을 개척하려는 노력은 계속되고 있으며 스포츠, 엔터테인먼트 등 그 영역이 점점 확대되는 추세입니다.

분명 지금 변호사 업계는 '위기'라고 할 수 있습니다만 블루 오션을 만날 수 있는 '기회'이기도 합니다.

부록

법조인 관련 참고할 만한 사이트

구분	홈페이지
대법원	http://www.scourt.go.kr
사법연수원	http://jrti.scourt.go.kr
법무부	http://www.moj.go.kr
대검찰청	http://www.sppo.go.kr
대한변호사협회	http://www.koreanbar.or.kr
사시로(사법시험 정보)	http://www.sasi-law.co.kr
법률신문(법조 뉴스, 판례)	http://www.lawtimes.co.kr
법률저널(사법시험 관련 뉴스, 정보)	http://www.lec.co.kr
로앤비(법률 서식, 해외 법률 정보)	http://www.lawnb.com
법원도서관(판례, 법률 서적)	http://library.scourt.go.kr
한국고시(국가고시, 사법시험 정보)	http://www.kgosi.com
로마켓(법률 서식, 뉴스)	http://www.lawmarket.co.kr
대한법률구조공단(법률 상담)	http://www.klac.or.kr
오세오닷컴(법조인 정보, 소송 정보)	http://oseo.com